CENAS DE UM FUTURO SOCIALISTA

EUGENE RICHTER

CENAS DE UM FUTURO SOCIALISTA

Tradução
ROBERTA SARTORI

Diretor editorial **PEDRO ALMEIDA**
Coordenação editorial **CARLA SACRATO**
Assistente editorial **LETÍCIA CANEVER**
Preparação **RAQUEL SILVEIRA**
Revisão **BARBARA PARENTE E CRIS NEGRÃO**
Diagramação **OSMANE GARCIA FILHO**
Imagem de capa **FARO EDITORIAL**

Dados Internacionais de Catalogação na Publicação (CIP)
Jéssica de Oliveira Molinari CRB-8/9852

Richter, Eugene, 1838-1906
Cenas de um futuro socialista / Eugene Richter ; tradução de Roberta Sartori — São Paulo : Faro Editorial, 2024.
128 p.

ISBN 978-65-5957-450-6
Título original: Sozialdemokratische Zukunftsbilder

1. Socialismo 2. História I. Título II. Sartori, Roberta

23-5629 CDD 335

Índice para catálogo sistemático:
1. Socialismo

1ª edição brasileira: 2024
Direitos de edição em língua portuguesa, para o Brasil, adquiridos por FARO EDITORIAL

Avenida Andrômeda, 885 — Sala 310
Alphaville — Barueri — SP — Brasil
CEP: 06473-000
www.faroeditorial.com.br

Sumário

Introdução

FOI SUGERIDO PELOS EDITORES QUE A TRADUÇÃO PARA O INGLÊS DA pequena e inteligente sátira de Eugene Richter (1838-1906) requer uma palavra de introdução, a saber, à sua nova aparência em uma forma barata e popular. Em 1893, ano de sua primeira edição aqui, o socialismo, embora fosse uma questão urgente na Alemanha, não era uma controvérsia urgente neste país.* Desde então, muitas coisas aconteceram, e essa deve ser a justificativa para um prefácio tornar-se supérfluo.

Em 1893, o socialismo neste país era assunto de discussão acadêmica. Em 1907, tem seus representantes e seu partido no Parlamento, e pode chegar em breve ao alcance da prática política. Isso pode trazer uma grande reconstrução dos partidos. Eugene Richter foi o líder do Partido Liberal** no *Reichstag**** alemão. As eleições alemãs de 1907 mostram que a rixa entre o Partido Socialista e os liberais, da qual a sátira de Richter é um indício prévio, tornou-se mais pronunciada. O mesmo

---

* Aqui o autor refere-se à Inglaterra. (N.T.)

** Partido Liberal Nacional (em alemão, *Nationalliberale Partei, NlP*). Aqui, ao referir-se ao liberalismo, o autor faz referência à noção clássica. O liberalismo clássico, também conhecido como liberalismo tradicional, liberalismo *laissez-faire* ou liberalismo de mercado, é uma filosofia política e uma doutrina econômica cuja principal característica é a defesa da liberdade individual, com limitação do poder do Estado pelo império da lei, a igualdade de todos perante a lei, o direito de propriedade, e, em política econômica, prega-se a livre-iniciativa. O liberalismo nacional, por sua vez, é uma variante do liberalismo, combinando políticas e questões liberais com elementos do nacionalismo. Historicamente, o liberalismo nacional também tem sido usado no mesmo sentido que o liberalismo conservador (liberalismo de direita). Naquela época, os objetivos liberais nacionais eram a busca da liberdade individual e econômica e da soberania nacional. Os liberais, tal como os conhecemos hoje, alinham-se às ideias socialistas. De fato, eles se apropriaram do termo. https://en.wikipedia.org/wiki/National_Liberal_Party_(Germany). (N.T.)

*** Parlamento. (N.T.)

esclarecimento das questões está acontecendo na França. O ministério republicano, sob o ministro Clemenceau (1841-1929), parece ter rompido definitivamente com o ministro Jaurès (1859-1914) e seus seguidores socialistas. A França, acima de todos os outros, é o país do pensamento claro e da expressão precisa, e, cada vez mais, a lógica insistente da discussão sistemática trouxe à tona o fato de que o liberalismo é a verdadeira antítese do socialismo. Os escritores franceses, que também se mostraram os mais determinados oponentes do socialismo e do coletivismo, como os senhores P. Leroy-Beaulieu (1843-1916), de Molinari (1819-1912) e Yves Guyot (1843-1928), orgulharam-se de se descrever como discípulos da Escola Liberal de Economistas.* Assim, torna-se natural que a expressão *l'ennemi c'est le libéralisme*** seja um lugar-comum aceito na boca dos defensores do socialismo. Que essa verdade emergirá como resultado de uma prolongada e séria controvérsia, aqui na Inglaterra, é igualmente certo. É a confusão do debate desconexo sobre um assunto, cujos detalhes não nos foram apresentados por experiência ou por exposição autoritária, o que, aliás, obscurece o assunto. A tentativa meritória de Richter de pintar para nós um quadro do futuro socialista oferece algo que os socialistas omitem e não tentam reparar, e seu pequeno livro pode prender a atenção e apontar dificuldades em áreas que não podem ser alcançadas por críticas filosóficas mais pesadas.

Nestes dias de introspecção social e política, a humanidade, se não governada, é amplamente influenciada por ideais, e os ideais nos são fornecidos pelos partidos Liberal e Socialista. O conservadorismo, que, aliás, é a postura habitual da nação inglesa, parece manter o equilíbrio e não representa nenhum ideal especial, mas sim a experiência prática que observa que os sonhos dos reformadores nem sempre são realizados e que é salutar, num primeiro momento, de toda forma, olhar com desconfiança para as coisas que são novas.

O ideal do liberal leva-o a buscar uma regeneração de nossa economia social por meio de um desenvolvimento mais pleno da competência econômica do indivíduo. Essa é a concepção basilar do credo liberal, cuja expressão um tanto imperfeita

---

* A Escola Liberal Francesa, também chamada de Escola Otimista ou Escola Ortodoxa, é uma escola de pensamento econômico do século XIX centrada no *Collège de France* e no *Institut de France*. Defendia vorazmente o livre vale comércio e o *laissez-faire*. Eles eram os principais oponentes das ideias intervencionistas e protecionistas. Isso fez da Escola Francesa uma precursora da moderna Escola Austríaca. https://en.wikipedia.org/wiki/French_Liberal_School. (N.T.)

** "O inimigo é o liberalismo". (N.T.)

(é assim, pelo menos, que agora dizem aqueles que foram ensinados pelos acontecimentos), sob o título de escola de Manchester* ou escola do *laissez-faire*, exerceu uma influência muito ampla durante a maior parte do século passado. O liberal instruído agora admitirá que a completa liberdade individual, o objetivo dos primeiros visionários, embora algo a ser buscado e desejado, não é algo a ser obtido *per saltum*** por uma sociedade que tem atrás de si um longo histórico de sujeição — por meio de períodos de comunismo habitual, servidão, militarismo e das incompetências pessoais de caráter que esses acarretam. Ele considera o progresso como o desenredamento gradual e a emancipação da raça dessas influências. O simples fato de termos chegado a um ponto em que as generosas concepções do socialismo foram aceitas como aspirações bem-vindas de nossa consciência social é, para o filósofo liberal, prova do avanço e aperfeiçoamento do caráter humano, sob um sistema no qual o desejo de liberdade pessoal tem sido a principal influência formadora e desenredadora. A sociedade, ele argumentará, é apenas o ambiente dentro do qual, através da disciplina dos tempos, a individualidade humana está buscando aprender a regra que lhe dará a oportunidade de alcançar sua expressão mais plena. Para o entusiasta da liberdade — o verdadeiro liberal —, o valioso é a livre experiência do indivíduo e a disciplina que ela ensina.

O socialista, por outro lado, pede-nos que tenhamos uma visão de progresso na qual a conduta social correta parece ser habitual e quase automática — uma regra de vida tão firmemente estabelecida que pode ser desvinculada da responsabilidade pessoal e da autodisciplina, que é sua origem, e submetida à disciplina de inspiração autocrática que emana desse fortuito centro de autoridade que os homens chamam de Estado. A responsabilidade social assim assumida por uma população sujeitada, a taxa segundo a qual é contratada e a medida em que pode crescer não está sob qualquer controle do Estado, mas deve sempre ser o resultado direto da ação individual impulsionada por motivos individuais. Se a pressão da responsabilidade

* Escola de Manchester, escola de pensamento político e econômico, liderada por Richard Cobden e John Bright, que se originou em reuniões da Câmara de Comércio de Manchester em 1820 e dominou o Partido Liberal Britânico em meados do século XIX. Seus seguidores acreditavam em políticas econômicas de *laissez-faire*, incluindo livre comércio, livre concorrência e liberdade de contrato, e eram isolacionistas nas relações exteriores. Seus adeptos tendiam a ser homens de negócios não teóricos. https://www.britannica.com/topic/Manchester-school-political-and-economic-school-of-thought. (N.T.)

** Locução latina "através de um salto". Especificamente, significa "sem cumprir todos os trâmites ou graus intermediários". https://dicionario.priberam.org/per%20saltum. (N.T.)

pessoal e da autodisciplina for removida, os excessos de conduta antissocial poderão ser controlados e os riscos de vida enfrentados, substituindo-se o cálculo, a inventividade e o esforço pessoal pelo coletivo? O socialista está confiante de que pode dar uma resposta satisfatória a tais questionamentos.

Felizmente, não há problema tão pesado, tão profundo ou tão importante cuja discussão não possa ser aliviada por um toque de humor. O humor de *herr* Richter, observa seu tradutor, é teutônico. Isso significa, entendemos, que a veia anti-heroica em que sua narrativa é formulada é admiravelmente preservada do começo ao fim. Esse é, aliás, o seu grande mérito artístico. Todos nós reconhecemos a magnanimidade e a generosidade de nossos amigos socialistas. Alguns deles, mesmo nas relações privadas da vida, podem ser tão admiráveis quanto seus sentimentos, e é uma perda de tempo e irrelevância contestar seu espírito público e sua virtude. Não há, entretanto, nenhuma exposição autoritária do programa socialista; e isso, afinal, e não a magnanimidade de sua doutrina, é o assunto sobre o qual exigimos informações. Se declaramos nossa dificuldade em aceitar como praticável a abolição do dinheiro e sua substituição por uma unidade monetária de vale-trabalho*, conforme exigido por Marx (1818- 1883), somos lembrados, com justiça, de que as visões de Marx foram demolidas por seu discípulo, Eduard Bernstein (1850-1932), um novo líder do socialismo alemão, e que são rejeitadas pelos fabianos** ingleses. A política dos fabianos, alemães e ingleses, é essencialmente uma política do trabalhar de manhã para comer à noite. É hostil ao emprego privado de capital, mas não apresentou nenhum plano abrangente para colocar em prática seus pontos de vista. É, além disso, pertinentemente

* Os vales-trabalho (também conhecidos como cheques-trabalho, notas de trabalho, certificados de trabalho e crédito pessoal) são um dispositivo proposto para governar a demanda por bens em alguns modelos de socialismo e para substituir algumas das tarefas realizadas pela moeda sob o capitalismo. Diferentemente do dinheiro, entretanto, os vales-trabalho não podem circular e não são transferíveis entre pessoas. Também não são trocáveis por nenhum meio de produção; não sendo, portanto, transmutáveis para capital. Uma vez que a compra é feita, os vales são destruídos e devem ser reobtidos através do trabalho. Logo, com tal sistema em realização, o roubo monetário tornar-se-ia impossível. https://en.wikipedia.org/wiki/Labour_voucher. (N.T.)

** O socialismo fabiano, ou fabianismo, é um movimento ideológico e político decorrente da Sociedade Fabiana, organização britânica de esquerda que defende a implementação de princípios socialistas de modo gradual, e não de forma revolucionária, aspecto pelo qual se afasta do marxismo, que prega uma passagem revolucionária ao socialismo. O nome Fabian deriva de Quintus Fabius Maximus Verrucosus, o general romano famoso por suas táticas de retardamento contra Aníbal durante a Segunda Guerra Púnica. https://www.britannica.com/event/Fabianism. (N.T.)

contestada pelos socialistas mais lógicos ou anárquicos — o setor representado por escritores como o príncipe Kropotkin (1842-1921) em seu recém-publicado *Conquest of Bread* (*A Conquista do Pão*) — uma vez que, por uma ampliação do comércio municipal, tudo o que abrange é a substituição do domínio do capitalista privado pelo domínio do líder político, um plano que apenas desloca o centro de onde emana a tirania da subordinação forçada da indústria. O polemista liberal, portanto, que deseja criticar minuciosamente as propostas de seus oponentes, encontra-se em meio à dificuldade. Ele admite as imperfeições da sociedade existente; aceita a avaliação elogiosa que os socialistas fazem de seus próprios motivos, mas, devido à falta de exposição confiável, é levado a descobrir por si mesmo os detalhes da política socialista.

Isso *herr* Richter fez de maneira admirável. Uma verossimilhança muito completa é mantida ao longo de sua história, e o humor nunca degenera em farsa. Ele é tão sério quanto foi Defoe (1660-1731) em sua descrição de Robinson Crusoé; e, se a realidade do retrato é menos convincente, isso se deve não à falta de habilidade do autor, mas à natureza incongruente e inconcebível da teoria socialista quando se tenta reduzi-la a detalhes práticos.

A atenção do leitor deve se deter em outro ponto. Esses polemistas, que, por assim dizer, argumentam com seus pés fincados em terra firme, estão em desvantagem em comparação com seus oponentes que têm a cabeça no ar e envolta em nuvens, na medida em que aceitam a sociedade de hoje como necessariamente o pai da sociedade de amanhã. Eles reconhecem os defeitos e desigualdades do sistema existente, mas o melhor remédio que podem oferecer é reconhecidamente gradual e imperfeito. Por outro lado, o socialista não está acorrentado por nenhuma necessidade de referir-se aos defeitos que possam surgir em sua utopia. A experiência nunca teve a oportunidade de testar seus princípios de forma concreta, e é difícil criticar um alicerce que ainda está no ventre do futuro. O futuro socialista nos é indicado como uma terra de leite e mel, mas como a humanidade pode ser conduzida a esses pastos e pastoreada neles? "Quando eu for rei", disse o virtuoso Jack Cade,* "não haverá dinheiro; todos comerão e beberão por minha conta; e eu os vestirei com um uniforme para que convivam como irmãos e me adorem como seu

* Jack Cade (?-1450) foi o líder de uma grande rebelião contra o governo do rei Henrique VI da Inglaterra; embora a revolta tenha sido reprimida, ela contribuiu para o colapso da autoridade real que levou à Guerra das Rosas (1455-1485) entre as casas de York e Lancaster. https://www.britannica.com/biography/Jack-Cade. (N.T.)

senhor. No caso moderno, esse senhorio de Jack Cade, o "líder" político, é cuidadosamente mantido em segundo plano, mas o ponto é de todo importante; pois sem disciplina e regulamentação, e força por trás disso, do tipo mais rígido e exigente, a maquinaria do socialismo não funcionará de maneira alguma. Estamos cansados de relatos sobre a equidade e beneficência do Estado socialista, mas se observa o silêncio completo no que diz respeito às suas possibilidades mais sombrias e à infração de nossas liberdades que isso necessariamente implica. Esse é um ponto legítimo para crítica, e *herr* Richter o elaborou hipoteticamente — a única maneira pela qual nos é possível fazê-lo — e com grande e laboriosa diligência.

De fato, chegou a hora de uma séria união dessas questões. O filósofo, o crítico, o economista e o humorista têm a obrigação de lançar toda a luz que puderem sobre a questão dessa controvérsia em apreço. A engenhosa imagem de *herr* Richter da utopia socialista é uma valiosa contribuição para a elucidação do problema do que aconteceria se a natureza humana e os assuntos mortais fossem totalmente diferentes do que são atualmente. Se a investigação parece terminar em *reductio ad absurdum*,* não é culpa do nosso autor.

T. Mackay

* Redução ao absurdo (*reductio ad absurdum*) é um modo de argumentação que busca estabelecer uma disputa derivando um absurdo de sua negação; argumentando-se, assim, que uma tese deve ser aceita porque sua rejeição seria insustentável. É um estilo de raciocínio que tem sido empregado ao longo da história da matemática e da filosofia desde a Antiguidade Clássica. https://iep.utm.edu/reductio/. (N.T.)

I

Dia da celebração

A BANDEIRA VERMELHA DO SOCIALISMO INTERNACIONAL TREMULA no palácio e em todos os prédios públicos de Berlim. Se nosso imortal Bebel* (1840-1913) pudesse ter vivido para ver isso! Ele dizia sempre à burguesia que "a catástrofe estava praticamente às suas portas". Friedrich Engels (1820-1895) fixou 1898 como o ano do triunfo final das ideias socialistas. Bem, não veio tão cedo, mas não demorou muito mais.

Isso, porém, é irrelevante. O mais importante é o fato de que todos os nossos longos anos de labuta e batalha pela causa justa do povo agora estão coroados com sucesso. O velho e podre regime, com sua ascendência do capital e seu sistema de pilhagem das classes trabalhadoras, desmoronou. E, para o benefício dos meus filhos, e dos filhos dos meus filhos, pretendo registrar, de forma humilde, um pequeno relato do início deste novo reinado de fraternidade e filantropia universal. Eu também não deixei de ter uma pequena participação neste novo nascimento da humanidade. Tudo, tanto em tempo quanto em dinheiro, que pude tomar das gerações passadas a partir da prática de meu ofício como um encadernador idôneo, e tudo do que minha família podia dispor, dediquei à promoção de nossos objetivos. Também sou grato à literatura do socialismo e à minha ligação com os clubes políticos por minha cultura mental e minha solidez em todos os pontos socialistas. Minha esposa e filhos estão de pleno acordo comigo. O livro de nosso amado Bebel sobre mulheres há muito é o evangelho mais elevado para minha cara-metade: Paula.

---

* August Bebel foi um socialista alemão cofundador do Partido Social Democrático (SPD) da Alemanha e seu líder mais influente e popular por mais de quarenta anos. Ele é uma das principais figuras da história do socialismo europeu ocidental. https://www.britannica.com/search?query=August+Bebel. (N.T.)

O aniversário da nova ordem socialista aconteceu no dia das nossas bodas de prata; e agora, pasmem, o dia de celebração de hoje trouxe uma nova felicidade para nós como família. Meu filho, Franz, ficou noivo de Agnes Müller. Os dois se conhecem há muito tempo, e a forte ligação é mútua. Assim, em toda a elevação de espírito, inspirados por este grande dia, consolidamos esse novo laço de afeto. Ambos são um pouco jovens ainda, mas, mesmo assim, são diligentes em suas profissões. Ele é um tipógrafo; ela, uma chapeleira. Há, portanto, motivos para esperar que formem um bom casal. Eles pretendem se casar assim que as novas regulamentações relativas ao trabalho, aos arranjos das moradias, e assim por diante, forem concluídas.

Depois do jantar, todos nós demos um passeio pela *Unter den Linden*.* Minhas estrelas! Que multidão delas havia! E que alegria sem fim! Nem um único tom dissonante para estragar a harmonia do grande dia de celebração. A polícia foi dissolvida, o próprio povo está mantendo a ordem da maneira mais exemplar.

Nos jardins do palácio, na praça em frente e ao redor dele, reuniam-se grandes multidões, que mostravam inconfundível unanimidade e firmeza de propósito. O novo governo estava reunido no palácio. Colegas, escolhidos entre os principais dirigentes do Partido Socialista, assumiram provisoriamente as rédeas do governo. Os vereadores socialistas formam, por enquanto, a autoridade local. Sempre que, de vez em quando, um dos nossos novos governantes aparecia numa das janelas ou numa sacada, o incontrolável êxtase do povo voltava a irromper, mostrando-se em frenéticos acenos de chapéus e lenços e no canto de A Marselhesa** pelos operários.

À noite, houve um grande show de luzes. As estátuas dos antigos reis e marechais, decoradas com bandeiras vermelhas, pareciam bastante estranhas sob o brilho vermelho de tanto fogo de bengala.*** Os dias dessas estátuas estão, no entanto, contados; e, em breve, elas terão que dar lugar às estátuas de antigos heróis do

---

* *Unter den Linden* é a avenida principal de Berlim, onde se encontram construções famosas, como o Portão de Brandemburgo, a Ópera Estatal, a embaixada russa, o museu histórico, a Universidade Humboldt ou o *Palast der Republik*, entre outras. (N.T.)

** *La Marseillaise* ("A Marselhesa", em português) começou como uma canção de batalha revolucionária e um hino à liberdade; recebendo, gradualmente, aceitação como um hino nacional. Esteve sempre presente nos momentos mais decisivos da França, desde o século XVIII até os dias de hoje. Ela é mais do que um hino, é uma canção revolucionária que encarna as aspirações do povo e a resistência à tirania. https://www.diplomatie.gouv.fr/en/coming-to-france/france-facts/symbols-of-the-republic/article/the-marseillaise. (N.T.)

*** O fogo de bengala é um tipo de fogo de artifício que produz efeitos de luz com cores variadas. (N.T.)

socialismo. Já foi determinada, segundo ouvi dizer, a remoção das estátuas dos dois Humboldts* da frente da universidade e a colocação das de Marx e Ferdinand Lassalle (1825-1864) em seu lugar. A estátua de Frederico, o Grande (1712-1786), na *Unter den Linden*, será substituída pela de nosso imortal Liebknecht (1826- 1900).**

Ao voltar para casa, mantivemos, em nosso aconchegante círculo familiar, essa dupla celebração até altas horas. O pai de minha esposa, que até agora não deu muita importância ao socialismo, estava conosco na ocasião e mostrava-se muito favorável e alegre.

Estamos cheios de esperança de que, em breve, desocuparemos nossa humilde casa de três andares e a trocaremos por algo melhor. Bem, bem, o antigo lugar, afinal, testemunhou muitas de nossas alegrias silenciosas, não faltaram problemas e tristezas, e também muitos esforços sinceros.

* Friedrich Wilhelm Heinrich Alexander von Humboldt (1769-1859), o barão de Humboldt, foi um geógrafo, polímata, naturalista, explorador prussiano e proponente da filosofia romântica. Ele era o irmão mais novo do ministro, filósofo e linguista prussiano Wilhelm von Humboldt (1767-1835). (N.T.)

** Wilhelm Liebknecht foi um articulista e socialista alemão. Fundou, em 1869, com Bebel, o jornal *Volksstaat*, órgão do socialismo mais avançado, e foi nomeado membro do parlamento. Ainda em 1869, fundou, também com Bebel, em Eisenach, o Partido Operário Social-Democrático da Alemanha. https://www.marxists.org/portugues/dicionario/verbetes/l/liebknecht_wilhelm.htm. (N.T.)

II

As novas leis

OUVEM-SE AS HISTÓRIAS MAIS EXTRAORDINÁRIAS DA LUTA DA burguesia para atravessar a fronteira. Mas para onde eles podem ir? O socialismo é agora dominante em todos os países europeus, com exceção da Inglaterra e da Suíça. Os vapores americanos* são incapazes de atender à demanda que existe sobre eles. Aqueles que conseguem chegar às costas americanas estão bem, uma vez que a revolução lá foi muito prontamente sufocada e toda a esperança de sucesso, cortada por um longo período por vir. Que todos esses saqueadores desapareçam, é o que eu digo. O bom é que, graças à rapidez com que a revolução finalmente veio, eles não conseguiram levar muito consigo. Todos os títulos do Estado, hipotecas, ações, letras e notas bancárias foram declarados nulos. Esses nobres burgueses podem muito bem começar imediatamente a forrar as paredes de suas cabines de navio com essas quinquilharias. Todas as propriedades fundiárias e residenciais, meios de comunicação, maquinário, ferramentas, provisões e coisas do tipo foram confiscadas em benefício do novo Estado socialista.

O *Onward*,** que até então era o órgão dirigente de nosso partido, agora ocupa o lugar do antigo *Imperial Advertiser* e é entregue gratuitamente em todas as casas. Dado que agora todos os estabelecimentos tipográficos se tornaram propriedade do Estado, todos os outros jornais, naturalmente, não são mais vistos. Em todas as outras cidades, uma edição local do *Onward* é publicada com uma folha de questões locais à parte para cada lugar. Provisoriamente, e até que um novo Parlamento seja

---

* Forma simplificada para fazer referência aos navios a vapor americanos. (N.T.)

** Em tradução livre, "adiante, avante, em frente". (N.T.)

eleito, a condução dos assuntos está nas mãos dos membros socialistas do falecido Parlamento, o qual, na forma de um Comitê de Governo, deve decidir sobre as inúmeras leis que será necessário decretar a fim de estabelecer a nova era.

O antigo programa* do partido, estabelecido no Conferência de Erfurt em 1891, foi promulgado como um esboço dos direitos fundamentais do povo. Essa promulgação proclama que todo capital, propriedade, minas e pedreiras, maquinário, meios de comunicação e todas as posses, sejam quais forem, tornaram-se doravante propriedade exclusiva do Estado, ou, como agora é mais bem chamado, da Comunidade. Outro decreto estabelece a obrigação universal de todas as pessoas trabalharem; e todas essas pessoas, sejam homens ou mulheres, com idade entre 21 e 65 anos, devem gozar exatamente dos mesmos direitos. Os menores de 21 anos serão educados à custa do Estado, enquanto os maiores de 65 anos serão mantidos de forma semelhante. Toda iniciativa e produtividade privadas, é claro, cessaram. Aguardando-se, porém, a nova regulamentação referente ao abastecimento, todas as pessoas devem conservar os seus antigos postos e continuar a trabalhar para o Estado, como seu líder. Cada pessoa deve fazer um inventário de todas as coisas que lhe restaram após o embargo do qual acabamos de falar; coisas que alguns podem ser tentados a considerar como propriedade privada, tais como móveis, roupas velhas, cédulas de dinheiro e coisas do gênero. Em particular, as moedas de todos os tipos devem ser entregues. Novos certificados de dinheiro serão emitidos em breve.

O novo governo, graças ao inteligente chanceler que o lidera, atua com não menos energia do que objetividade. Em primeiro lugar, toda precaução deve ser tomada contra qualquer possibilidade de o capital recuperar sua antiga ascendência. O Exército foi dissolvido; não haverá cobrança de impostos, pois o governo se

* O Programa de Erfurt foi adotado pelo Partido Social-Democrata da Alemanha durante o Congresso do SPD em Erfurt, em outubro de 1891, formulado sob a orientação política de Eduard Bernstein, August Bebel e Karl Kautsky, substituindo o Programa de Gotha anterior. Em relação a esse último, o Programa de Erfurt expressou maior influência do marxismo e dava um passo à frente no que se refere à inevitabilidade da queda do modo de produção capitalista e da sua substituição pelo socialismo, além de sublinhar a necessidade de a luta ser impulsionada pela classe operária e pelo partido revolucionário, apesar de também fazer concessões ao oportunismo. Declarava a morte iminente do capitalismo e a necessidade da propriedade socialista dos meios de produção. O Partido pretendia perseguir esses objetivos por meio da participação política legal, e não pela atividade revolucionária. Kautsky argumentou que, como o capitalismo, por sua própria natureza, deve entrar em colapso, a tarefa imediata dos socialistas era trabalhar pela melhoria da vida dos trabalhadores, e não pela revolução, que era inevitável. https://www.marxists.org/portugues/dicionario/verbetes/p/prog_erfurt.htm. (N.T.)

propõe a arrecadar o que é necessário para fins públicos das receitas geradas pelas transações comerciais do Estado. Médicos e advogados são mantidos pelo Estado e são obrigados a prestar serviços gratuitamente sempre que necessário. Os dias da revolução, e da sua celebração, foram declarados feriados estabelecidos por lei.

Está bastante evidente que tempos inteiramente novos e gloriosos estão reservados para nós.

III

Pessoas descontentes

AGNES, NOSSA FUTURA NORA, ESTÁ BASTANTE INCONSOLÁVEL, E Franz não está menos deprimido. Agnes teme por seu dote. Há muito tempo ela vem economizando diligentemente e de modo mais especial desde que conheceu Franz. Seu empenho era tanto que ela mal se permitia dar tempo para as refeições, e as somas que suas companheiras gastavam em roupas elegantes, em lazer ou em pequenas excursões ela dedicava ao aumento de seu pequeno capital. Por esses meios, ela tinha nada menos do que 2 mil marcos poupados e guardados no banco à época em que ficou noiva. Foi com muito orgulho e complacência que Franz me contou tudo isso na noite do dia do noivado. Os jovens começaram a desenvolver ações de como poderiam aplicar essa grande soma de dinheiro da melhor maneira possível.

Mas agora parece que toda a sua dedicação e economia mostrar-se-ão consideravelmente inúteis. Inquieta por todos os tipos de relatos que chegavam até ela, Agnes decidiu ir ao banco e notificar a retirada. Quando chegou ao bairro onde ficava o banco, ela encontrou a rua repleta de grupos agitados. Homens e mulheres idosos, e numerosas jovens que haviam sido servas durante a velha ordem das coisas, queixavam-se pateticamente de terem sido enganados, como diziam, e perdido suas suadas economias. Os funcionários, ao que parece, haviam dito que, juntamente com todos os outros valores que por força dos novos decretos tinham sido confiscados, os fundos de poupança também estavam nulos.

O mero boato sobre uma tal coisa quase fez a pobre Agnes desmaiar. Reunindo coragem, contudo, para entrar no banco, ela logo recebeu a confirmação dessa notícia inacreditável. Correndo para nós, ela ouviu rumores de que representantes de credores bancários estavam a caminho do palácio, a fim de obter uma entrevista com o chanceler. Ao ouvir isso, parti imediatamente, e Franz foi comigo.

Encontramos uma imensa multidão reunida em frente ao palácio. Do outro lado da ponte Lassalle (a antiga ponte do rei Guilherme), fluxos de pessoas continuavam subindo em direção ao palácio. É claro que essa questão da poupança está mexendo profundamente com a cabeça das pessoas. Todas as entradas dos pátios do palácio estavam bem fechadas. A multidão na frente fez inúmeros esforços para entrar à força, mas em vão. De repente, vários canos de armas vindas de dentro surgiram através de brechas nas portas, brechas essas que eu, por alguma razão, jamais havia notado.

Quem pode dizer qual teria sido o fim de tudo isso se, nesse momento crítico, o chanceler não tivesse aparecido em cena e, assim, restaurado a ordem? Ele saiu para a sacada pela porta do meio e, em voz clara e sonora, declarou que a questão da poupança receberia a consideração imediata do Comitê de Governo. Ele implorou a todos os verdadeiros patriotas e socialistas consistentes que confiassem plenamente na justiça e na sabedoria dos representantes do povo. Altos vivas saudaram nosso chanceler enquanto ele se retirava.

Nesse exato momento, vários bombeiros chegaram a galope, vindos de diferentes lados em direção ao palácio. Não havendo agora polícia para convocar, as autoridades, consternadas, haviam telegrafado do palácio, relatando um grande incêndio ali. A chegada dos galantes companheiros foi saudada com muitas risadas. Aos poucos, a multidão se dispersou em um estado de espírito mais bem-humorado e flexível. É de se esperar que o governo faça a coisa certa a esse respeito.

IV

A escolha dos ofícios

GRANDES CARTAZES VERMELHOS EM TODOS OS PAINÉIS LEMBRAM às pessoas de que, de acordo com as regras da nova Lei do Trabalho, todas as pessoas, de ambos os sexos, com idade entre 21 e 65 anos, devem, no prazo de três dias, se registrar com o intuito de serem enviadas para algum ofício. As antigas delegacias de polícia e as várias outras repartições públicas vieram bem a calhar para esse propósito. A atenção de mulheres e meninas é especialmente chamada para o fato de que, ao começarem a trabalhar em uma das numerosas oficinas do Estado, elas ficam imediatamente dispensadas de todas as tarefas domésticas, como cuidar de crianças, preparar refeições, cuidar de doentes, lavar, etc., etc. Todas as crianças e os jovens devem ser criados em casas de manutenção do Estado e em escolas públicas. A refeição principal de cada dia será feita na cozinha estatal do distrito. Todos os doentes devem ser encaminhados para os hospitais. A lavagem das roupas pode ser feita exclusivamente nas grandes lavanderias centrais do Estado. A jornada de trabalho, para ambos os sexos, tanto nos ofícios quanto nos órgãos do Estado ou repartições públicas, agora é fixada em oito horas.

Em todos os casos, exige-se evidência documental como prova da capacidade das pessoas, a fim de desempenharem as funções para as quais se inscrevem; e, em cada caso, o tipo de atividade desenvolvido até aqui também deve ser declarado. Inscrições como clérigos não podem nem sequer por um momento ser consideradas, visto que, por uma resolução tomada na Conferência de Erfurt de 1891, e que agora é aceita como uma lei fundamental do Estado, fica estritamente proibido dedicar quaisquer fundos nacionais a propósitos religiosos ou eclesiásticos. Porém, as pessoas que, não obstante, desejem exercer essa profissão têm plena liberdade de qualificarem-se para ela nas horas de lazer, depois de terem trabalhado o número normal de oito horas em algum ramo reconhecido pelo Estado como um ofício.

Após a publicação dessas informações, a vida nas ruas se assemelhava à de um dia de concentração em uma cidade de guarnição. Pessoas do mesmo ofício formavam, elas próprias, aglomerados e grupos e, tendo se adornado com algum símbolo do ofício escolhido, marchavam pelas ruas cantando e gritando. Eram numerosos os grupos de mulheres e meninas, que pintavam com as cores mais vivas as delícias que esperam dos ofícios escolhidos, agora que se livraram de todos os afazeres domésticos. Ouve-se que um grande número de pessoas escolheu uma linha totalmente diferente daquela que seguia até agora. Muitos parecem imaginar que a mera escolha de um ofício é idêntica a já estar instalado nele; mas, é claro, não é bem assim.

No que diz respeito a nós, como família, não pretendemos fazer nenhuma mudança, mas permaneceremos fiéis aos velhos ofícios de que gostamos; assim, meu filho Franz, minha futura nora, Agnes, e eu mesmo inscrevemos nossos nomes nesse sentido. Minha esposa se inscreveu como atendente em um dos lares para crianças. Com isso, ela pretende continuar exercendo seus cuidados maternos para com nossa filha mais nova, Annie, de quatro anos, quem agora, é claro, teremos que entregar.

Permito-me aqui mencionar que, após o tumulto em frente ao palácio, o ministério julgou prudente reintroduzir um corpo de polícia, que deve ser de 4 mil homens, a serem colocados em parte no arsenal e em parte nos quartéis nas vizinhanças. A fim de evitar todas as recordações desagradáveis, o uniforme azul será agora descontinuado e substituído por um marrom. No lugar do capacete, os policiais usarão grandes chapéus Rembrandt com penas vermelhas.

V

Uma sessão parlamentar

FOI COM MUITA DIFICULDADE QUE HOJE FRANZ E EU CONSEGUIMOS nos espremer na Câmara situada na praça Bebel (antigamente, a praça do Rei). Iriam chegar a um acordo a respeito dos fundos de poupança. Franz me informa que, entre os 2 milhões de habitantes de Berlim, existem nada menos que 500 mil pessoas que fazem depósitos em poupança. Não é de admirar, então, que todo o bairro da Câmara, toda a extensão da praça Bebel e as ruas circundantes estivessem densamente lotadas de pessoas, sobretudo as do tipo mais pobremente vestido, que esperavam com interesse, quase sem fôlego, a decisão da Câmara. A polícia, no entanto, logo começou a limpar as ruas.

Como a eleição geral ainda não ocorreu e como todos os cargos dos membros que foram eleitos pelas chamadas classes melhores foram declarados vagos, não encontramos naturalmente nenhum outro membro presente, exceto nossos antigos colegas, os pioneiros comprovados da nova ordem.

A pedido do chanceler, o chefe do Departamento de Estatística abriu o debate com um discurso que tratou em grande parte das estatísticas, mostrando a real magnitude da questão em pauta. Ele disse que havia 8 milhões de depositantes nas caixas econômicas, com uma soma de mais de 5 milhões de marcos. (É isso mesmo, da esquerda.) A soma anual anteriormente paga em juros totalizava mais de 150 milhões de marcos. Dos depósitos, 2,8 milhões de marcos foram investidos em hipotecas, 1,7 milhão em títulos, cerca de 400 milhões em instituições públicas e corporações e o saldo de 100 milhões em dívida flutuante. Todos os títulos foram repudiados por lei. (Exatamente, da esquerda.) Com a transferência de toda a propriedade fundiária para o Estado, todas as hipotecas foram naturalmente anuladas.

Estava claro, portanto, que não havia fundos com os quais as reivindicações dos depositantes das caixas econômicas pudessem ser satisfeitas.

No final desse discurso, um membro da direita levantou-se. "Milhões de trabalhadores honestos e verdadeiros socialistas", disse ele (tumulto da esquerda), "sentir-se-ão amargamente desapontados quando, em vez de obterem a recompensa total por seu trabalho, como esperado, virem-se privados das economias que, à força de trabalho árduo, puderam acumular. Por quais meios essas economias foram realizadas? Somente por meio de esforço e empenho contínuos, economia e abstenção de certas coisas, como tabaco e bebidas alcoólicas, às quais muitos outros trabalhadores frequentemente se entregam. (Tumulto da esquerda.) Muitos imaginaram que, ao fazerem essas economias, estavam guardando algo para tempos difíceis ou fazendo uma provisão para sua velhice. A colocação de tais pessoas precisamente em pé de igualdade com aqueles que não mostraram um pingo de parcimônia será sentida por milhões como uma injustiça". (Aplausos da direita e gritos de aprovação das galerias.)

O presidente ameaçou esvaziar as galerias se tais gritos se repetissem, e a isso houve gritos: "Nós somos a nação".

O presidente: "A nação tem poder de veto, mas não tem o direito de tomar parte nos debates do Parlamento. Perturbadores serão expulsos". (Aprovação geral de todos os lados.)

Um membro da esquerda agora o seguia: "Um verdadeiro socialista, de puro sangue, nunca se preocupou em economizar nada", disse ele. (Sinais contraditórios da direita.) "Ninguém que tivesse se permitido seguir as doutrinas de economia tão pregadas pela burguesia tinha o menor direito de contar com qualquer contrapartida por parte do Estado socialista. Que ninguém se esqueça, também, de que algumas dessas economias foram, na realidade, apenas roubadas das classes trabalhadoras. (Insatisfação da direita.) Nunca se deve dizer que o socialismo enforcou os grandes ladrões, mas deixou escapar milhões de pequenos. Ora, os vários investimentos desse mesmo capital de caixa econômica ajudaram a fomentar o antigo sistema de roubar o povo. (Fortes aplausos da esquerda.) Ninguém, exceto um burguês, pode dizer uma palavra contra o confisco dos fundos da caixa econômica."

O presidente aqui chamou o último orador à ordem pela grave ofensa implícita em designar um membro do Parlamento socialista pelo termo burguês.

Em meio a um suspense de tirar o fôlego, o chanceler levantou-se para falar. “Até certo ponto, a justiça me obriga a dizer que ambos os ilustres membros que acabaram de falar estão certos no que apresentaram. Muito pode ser dito sobre a moralidade dessas poupanças, mas também muito pode ser apresentado sobre os efeitos desmoralizantes que elas exerceram na forma de capital acumulado. Não permitamos, porém, e acima de tudo, que um olhar saudoso para o passado nos desvie dos grandes tempos em que vivemos. (É isso mesmo.) Devemos resolver essa questão como socialistas que sabem o que fazem, e sem qualquer mistura de sentimentos. E, em vista disso, eu digo que entregar mais de 5 milhões de marcos para uma fração de 8 milhões da população seria construir a nova igualdade social sobre uma base de desigualdade. (Aplausos.) Essa desigualdade logo se faria sentir, inevitavelmente, em todos os ramos do consumo, e assim perturbaria todos os nossos planos cuidadosamente concebidos para harmonizar produção e consumo. Esses detentores de fundos hoje pedem o retorno de suas economias: com exatamente o mesmo direito, outros podem vir amanhã — aqueles, por exemplo, que investiram suas economias em máquinas e ferramentas, em ações comerciais, em casas ou terrenos — e exigir a restituição do seu capital. (Sinais de aprovação.) Como, então, colocaremos limites a uma possível reação contra a ordem social das coisas agora estabelecida? Quaisquer que sejam os prazeres que aquelas pessoas que acumularam suas pequenas economias prometeram a si mesmas como frutos de sua parcimônia e abstinência, agora elas colheriam uma recompensa cem vezes maior, tendo consciência de que todos agora compartilharão os grandes benefícios que nós estamos prestes a inaugurar. Mas se você tirar de nós esses 5 milhões, reduzindo por essa quantia o capital que deveria funcionar apenas no interesse do público em geral, então meus colegas no ministério e eu não estaremos mais em condições de aceitar a responsabilidade de levar a cabo aquelas medidas socialistas que era nosso objetivo ver cumpridas.” (Aplausos fortes e prolongados.)

Um grande número de membros manifestou sua intenção de falar. Mas o presidente disse que era seu dever lembrar à Câmara que, considerando o tempo gasto nas reuniões das comissões e aquele que a lei permitia a cada membro para leitura e preparação, o máximo de oito horas, aliás, já havia sido alcançado e que, nessas circunstâncias, o debate não poderia continuar antes do dia seguinte. (Gritos de “vote, vote”.) Uma resolução para requerer o fechamento foi proposta e aprovada. Após a votação, a Câmara, com apenas alguns dissidentes, passou para a ordem do dia, e a sessão foi encerrada.

Houve gritos altos de indignação vindos da galeria, e esses se espalharam rua afora. A polícia, no entanto, logo conseguiu limpar o espaço em torno da Câmara e prendeu várias pessoas barulhentas; entre as quais, muitas mulheres. Dizem que vários membros que votaram contra a devolução do dinheiro do banco aos proprietários foram vergonhosamente insultados nas ruas. A polícia afirma ter feito uso impiedoso de suas novas armas, as chamadas "assassinas", uma arma de padrão inglês que acaba de ser introduzida.

Dentro de nossas quatro paredes, tínhamos uma demonstração abundante de ressentimento e rancor. Agnes rejeitou todos os esforços para tranquilizá-la, e foi em vão que minha esposa procurou confortá-la com o pensamento do opulento dote que o governo pretendia que todos os recém-casados recebessem.

"Não quero que me deem nada", ela chorou, irritada; "tudo o que quero é o salário do meu próprio trabalho; um governo assim é pior do que roubo".

Eu tenho muito medo de que os eventos de hoje não sejam de todo calculados para fortalecer a aceitação de Agnes dos princípios socialistas. Meu sogro também tem economias no banco, e não ousamos dizer ao velho senhor que sua caderneta bancária não passa de papel velho. Ele está longe de ser um avarento. Ainda outro dia, mencionou que havia deixado acumularem-se juros e juros compostos; descobriríamos em sua morte que ele estava realmente grato por todo o nosso carinho por ele. Decerto, é preciso estar muito firmemente alicerçado nos princípios socialistas quanto eu para suportar tais reveses sem desanimar.

VI
Atribuição do trabalho

A UNIÃO ENTRE FRANZ E AGNES ESTÁ, DE SÚBITO, ADIADA INDEFINI-damente. A polícia distribuiu hoje os despachos relativos às ocupações do povo, despachos esses que se baseiam, em parte, no registro feito nos últimos dias e, em parte, no plano organizado pelo governo a fim de regular a produção e o consumo.

É verdade que Franz continuará sendo um tipógrafo, mas, infelizmente, ele não pode ficar em Berlim, mas será enviado para Leipzig. Berlim requer agora apenas um vigésimo do número de tipógrafos que anteriormente empregava. Somente socialistas absolutamente confiáveis são autorizados no *Onward*. Agora Franz, devido a algumas expressões descuidadas na praça do Palácio sobre aquele infeliz negócio da caixa econômica, é visto com alguma desconfiança. Franz acredita também que a política teve algo a ver com a atribuição de mão de obra; e ele relata que, por exemplo, em Berlim, os Younkers foram completamente dispersos como partido. Um teve que ir a Inowrazlaw como colocador de papel de parede, porque havia escassez de colocadores de papel por lá, já que em Berlim havia muitos. Franz praticamente perdeu toda a paciência e disse que lhe parecia que a velha lei contra os socialistas, com sua expatriação, havia voltado à vida. Bem, devemos desculpar um pouco da pressa em um jovem noivo que se vê repentinamente, e por tempo indefinido, separado da garota de seu coração.

Tentei oferecer um pouco de conforto a Franz, observando que, na casa ao lado, um casal havia sido separado por causa dessa lei. A esposa vai para Oppeln na qualidade de enfermeira; o marido, para Magdeburg, como contador. Isso enfureceu minha esposa, e ela queria saber como alguém ousava separar marido e mulher? Era infame, e assim por diante. A boa alma esqueceu completamente que, em nossa nova comunidade, o casamento é uma relação puramente privada, como Bebel explicou lucidamente em seu livro sobre a mulher. O nó matrimonial pode ser atado e desatado a qualquer momento e sem a intervenção de nenhum oficial. O governo, portanto, não está em posição de saber quem é casado e quem não é. Nos registros de nomes descobrimos, portanto, como logicamente seria esperado, que todas as pessoas são registradas com seus nomes de batismo e com o nome de solteira de suas mães. Em uma organização da produção e do consumo bem pensada, a coabitação de cônjuges claramente só é viável quando a escala da ocupação permite tal arranjo; não vice-versa. Jamais seria bom tornar a organização do trabalho dependente de uma relação privada que pudesse ser dissolvida a qualquer momento.

Minha esposa lembrou-me de que, antigamente, as nomeações que não agradavam a seus titulares, muitas vezes, eram anuladas ou trocadas; de qualquer forma, podemos fazer um esforço para que Franz seja transferido de volta para Berlim.

Ocorreu-me que um velho amigo e colega que eu havia conhecido quando estava em Ploezensee, sob a lei contra os socialistas, ocupava agora uma posição influente no Conselho da Organização do Trabalho. Mas, indo para lá, encontrei esse departamento na prefeitura cercado por centenas de pessoas que vieram com uma missão semelhante, e não consegui entrar na sala. Felizmente encontrei no corredor outro colega que está no mesmo Conselho. Eu lhe disse o que tínhamos em mente, mas ele me aconselhou a deixar passar um tempo em relação à parte que Franz havia tomado no tumulto em frente ao palácio, antes de solicitar sua remoção de volta a Berlim.

Aproveitei a oportunidade também para reclamar que, embora minha escolha pelo ofício de encadernador tivesse sido confirmada, eu não era mais um proprietário como antes, mas apenas um artífice. Ele, contudo, me disse que realmente não havia nada para fazer a esse respeito. Parece que, em consequência do sistema de fazer tudo em grande escala, a demanda por pequenos proprietários é menor do que nunca. Ele continuou dizendo que, em consequência de um grande erro ter sido descoberto em uma conta, haveria um voto de mérito para nomear quinhentos fiscais; e aconselhou-me a me candidatar a um desses cargos ou a tentar uma vaga de inspetor público. Pretendo seguir o conselho dele.

Os desejos de minha esposa foram atendidos até agora, de modo que seus serviços como atendente em um dos lares infantis foram aceitos. Mas, infelizmente, ela não está indicada para aquele onde estará nossa caçula. Eles dizem que, por princípio, as mães só podem receber nomeações como enfermeiras e atendentes em lares onde os próprios filhos não estejam internados. Com isso, pretende-se evitar qualquer preferência pelos próprios filhos e quaisquer ciúmes que outras mães possam sentir. Isso certamente parece muito justo, mas Paula não pode deixar de sentir as dificuldades disso. É sempre assim com as mulheres, e elas estão muito inclinadas a colocar seus desejos privados antes das razões do Estado.

Agnes não vai mais ser chapeleira, mas conseguiu um emprego como costureira. Não haverá grande demanda por acessórios de cabeça finos ou bugigangas de qualquer tipo agora. Pelo que ouvi, o novo esquema de abastecimento visa apenas à produção de todos os artigos *en masse*. Decorre daí, naturalmente, o fato de que haverá apenas uma demanda muito limitada de mão de obra qualificada, preferências e o que mais ou menos se aproxima da arte no comércio. Mas dá no mesmo para Agnes, e ela diz que não se importa com o que façam com ela, desde que ela não partilhe sua condição com Franz. Esquecem-se, como eu lhes disse, de que nem a própria Providência poderia servir a todos igualmente em todo o seu conteúdo. "Então deveriam ter deixado cada um cuidar de si mesmo", interrompeu Franz; "nunca poderíamos estar tão mal sob o antigo sistema".

A fim de acalmá-los de alguma forma, li para eles, no *Onward*, uma declaração em forma de tabela tratando das seleções de negócios que as pessoas fizeram e das designações de trabalho para eles. O número de pessoas que se registrou como guarda-caça é maior que o número de lebres num raio de sessenta quilômetros de Berlim. Pelo número de inscrições feitas, o governo não teria dificuldade em colocar um porteiro em cada porta de Berlim; cada árvore poderia ter seu silvicultor; cada cavalo, seu tratador. Há muito mais babás do que ajudantes de cozinha registradas; mais cocheiros do que cavalariços. O número de moças que se inscrevem como garçonetes e cantoras públicas é muito considerável, mas essa superabundância é contrabalançada pela escassez das que desejam tornar-se enfermeiras. Não faltam vendedores e vendedoras. A mesma observação se aplica a inspetores, gerentes, encarregados de obra e cargos semelhantes; não há falta sequer de acrobatas. As inscrições para os trabalhos mais árduos, de pavimentador, de foguista, de fundidor são mais escassas. Aqueles que manifestaram o desejo de se tornar limpadores de esgoto não formam, numericamente, um corpo forte.

Nessas circunstâncias, o que o governo deve fazer para harmonizar seu esquema de organização da produção e do consumo com as inscrições feitas pelo povo? Deveria o governo tentar um acordo fixando uma taxa de salários mais baixa para os ramos que mostrassem superlotação e uma taxa mais alta para os trabalhos que não eram tão cobiçados? Isso seria uma subversão dos princípios fundamentais do socialismo. Todo tipo de trabalho útil à comunidade (Bebel sempre ensinou) deve parecer de igual valor aos olhos da comunidade. O recebimento de salários desiguais logo tenderia a favorecer desigualdades no estilo de vida; ou permitiria que os mais bem pagos economizassem. Por esse último meio, e indiretamente, no decorrer do tempo, uma classe capitalista cresceria, e assim, todo o sistema socialista de produção seria lançado à desordem. O governo tinha sob análise a sugestão de resolver a dificuldade fixando os dias de trabalho em durações variadas. A objeção a isso era que alguma violência inevitavelmente deveria ser empregada à dependência natural e necessária de várias ocupações, umas em relação às outras. Essa questão de oferta e demanda, que desempenhou um papel tão proeminente sob o antigo reinado do capital, não deve ser tolerada em nenhuma circunstância, a fim de que não ressurja.

O governo reserva a si o direito de direcionar os criminosos para os tipos de trabalho mais desagradáveis. Além disso, adotou o conselho que Bebel costumava dar, a saber, o de permitir mais variedade de trabalho ao mesmo indivíduo. Talvez, com o passar do tempo, possamos ver os mesmos operários, em diferentes horas do mesmo dia, envolvidos nas mais diversas e variadas ocupações.

No momento, nenhum outro plano parecia viável senão o da loteria. As inscrições para cada ofício eram separadas em categorias e, a partir dessas inscrições, as nomeações exigidas para cada ramo de ofício, pelo esquema de organização do governo, eram determinadas por um simples sorteio. Aqueles que não conseguem no primeiro sorteio lançam a sorte de novo, e de novo, até obterem um ofício; e assim as vagas eram preenchidas nesses ramos de trabalho para os quais havia escassez de candidatos. Entendo que, dessa maneira, um tipo de trabalho que as pessoas não apreciam acabou caindo para muitas delas.

Franz diz que sempre houve sorteios de cavalos e sorteios de cachorros e todos os tipos de sorteios, mas esta é a primeira vez que acontecem sorteios de homens. Ele diz que, mesmo no início, o governo está tão perdido que precisa recorrer a um jogo de cara ou coroa.

"Mas você não consegue ver", eu disse a ele, "que, para o futuro, todas as coisas devem ser organizadas em uma base totalmente nova e diferente? Por enquanto ainda estamos sentindo as sequelas do antigo sistema de exploração e do domínio do capital. Uma vez que o espírito do socialismo tenha sido totalmente despertado e que goze de influência universal, você descobrirá que os trabalhos mais árduos, desagradáveis e perigosos serão os mesmos que atrairão o maior número de voluntários; e a razão é bastante óbvia. Esses voluntários serão sustentados pela elevada consciência de que seus trabalhos são para o bem do público em geral, e não terão mais a impressão de que ministram ao vil desejo de ganho de saqueadores sem princípios."

Mas não consegui fazer com que os jovens vissem as coisas por esse prisma.

VII

Notícias das províncias

TODOS OS JOVENS DA IDADE DE 20 ANOS SÃO OBRIGADOS A SE inscrever dentro de três dias. O irmão de Agnes está entre esse número. O "Baluarte Nacional", como é chamado, deve ser organizado e armado a toda velocidade. Os espaçosos edifícios do Ministério da Guerra deveriam ter sido convertidos em uma vasta escola infantil por causa dos belos jardins adjacentes. (Essa escola era para ter sido também o local de trabalho da minha esposa.) No entanto, agora está determinado que as coisas sejam deixadas como estavam.

Os assuntos internos do país tornam necessário que o Baluarte Nacional seja convocado antes do que havia sido planejado, e também que a organização seja em uma escala muito maior do que havia sido inicialmente contemplada. Os novos conselheiros provinciais estão constantemente enviando pedidos urgentes de assistência militar para ajudá-los no trabalho de estabelecer as novas leis nos distritos do interior e nas pequenas cidades. Assim, decidiu-se estabelecer, em centros convenientes em todo o país, um batalhão de infantaria, um esquadrão de cavalaria e uma bateria. Para garantir maior segurança, as tropas são compostas de homens escolhidos em distritos distantes uns dos outros.

Esses brutos e grosseirões devem ser chamados à razão. Na verdade, eles fizeram todo o possível para se opor à nacionalização — ou, como diz o termo oficial, à comunalização — de seus meios privados, de suas posses na forma de acres, casas, gado, criações e coisas do gênero. Seu pequeno proprietário no campo insistirá em permanecer onde está e em apegar-se firmemente ao que tem, apesar de tudo o que você possa dizer a ele sobre a difícil lida desde o nascer ao pôr do sol. Pessoas desse tipo poderiam ser deixadas tranquilas onde estão, mas o problema é que isso interferiria muito no vasto esquema de organização da produção. Portanto, não há outra maneira senão obrigar, por pura força, esses cabeças-duras a ver o que é vantajoso para eles. E quando toda a organização estiver em pleno funcionamento, essas pessoas logo se convencerão dos benefícios que lhes foram conferidos pelo socialismo.

Ao se tornar público que todas as grandes propriedades fundiárias e grandes fazendas haviam sido declaradas propriedade do Estado, todos os empregados e trabalhadores agrícolas de imediato uniram-se ciosamente ao nosso lado. Mas essas pessoas, agora, não se contentam mais em permanecer onde estavam. Um grande desejo de mudança tomou conta delas, e todas se dirigem para as cidades maiores, principalmente para Berlim. Aqui, na Frederick Street, e na *Unter den Linden*, é possível ver agora, diariamente, indivíduos com a aparência mais estranha, oriundos das partes mais remotas do país. Muitos deles chegam com esposas e famílias, e com os meios mais escassos. Mas eles, no entanto, clamam por comida e bebida, roupas, botas e tudo do bom e do melhor. Foi dito a eles, dizem, que todos em Berlim vivem do melhor da terra. Eu gostaria que esse fosse realmente o caso!

Mas, é claro, não podemos fazer isso com esses roceiros aqui, e eles devem ser despachados de volta para o lugar de onde vieram, o que vai causar um pouco de ressentimento. A situação seria muito boa se o magnífico esquema do governo para regular a produção e o consumo fosse deturpado dessa maneira por uma caprichosa peregrinação, de um lado para o outro, das pessoas das províncias. Devemos vê-los, a um só tempo, invadindo tudo como bandos de gafanhotos sobre as provisões acumuladas aqui, negligenciando os trabalhos necessários em suas próprias regiões; enquanto, em outros momentos, quando o ataque os levava a não vir, veríamos todas as coisas que haviam sido adquiridas em antecipação à visita deles estragando em nossas mãos.

Teria sido inquestionavelmente melhor se os regulamentos que acabaram de ser emitidos tivessem-no sido logo no início. De acordo com esses regulamentos, agora ninguém pode deixar temporariamente o seu local de residência sem primeiro obter um bilhete de licença; e ninguém pode mudar-se de forma permanente sem receber tais instruções dos escalões superiores. É claro que a intenção é que Berlim continue sendo uma capital muito visitada; mas as pessoas não devem ir e vir de forma caprichosa e sem objetivo, mas apenas, como o *Onward* estabelece de modo simples e claro, de uma maneira que esteja de acordo com os cálculos e planos cuidadosamente preparados do governo. O Estado socialista ou, como agora dizemos, a Comunidade, toma a sério a obrigação de todas as pessoas trabalharem; e, portanto, está totalmente determinado a não permitir nenhum tipo de vagabundo nem mesmo qualquer vagabundo ferroviário.

Ontem o chanceler fez outro discurso revelador daquela maneira convincente que, como o *Onward* acertadamente observa, é muito peculiar dele. Levantou-se, na Câmara, a questão: deveria ser feita uma tentativa de tranquilizar os distritos rurais insatisfeitos, agregando as posses locais em grupos locais, em vez de confiscar essas posses para o benefício de toda a Comunidade? Esses grupos separados seriam chamados de Associações de Produtores Locais, e cada habitante de um distrito seria uma unidade do grupo local. "Já é tempo", disse o chanceler, em seu discurso, "de erros como esses — erros que remontam ao tempo de Lassalle, e que foram totalmente eliminados na Conferência de Erfurt de 1891 — serem deixados de lado para sempre. É evidente que o resultado do estabelecimento de várias Associações de Produtores Locais seria a introdução de competição entre as várias associações. Assim, novamente, a natureza variável da qualidade da terra tende, inevitavelmente, a produzir gradações de prosperidade e de não prosperidade e, dessa forma, abrir uma espécie de porta dos fundos para o retorno do capital. Um esquema bem-digerido de regulação da produção e do consumo e uma distribuição inteligente dos artesãos em cada departamento, por todo o Estado, são coisas que não podem admitir nenhum individualismo, nenhuma competição, nenhuma independência pessoal ou local. O socialismo nunca pode consentir em fazer as coisas pela metade." (Fortes aplausos.)

VIII

O último dia juntos

PASSEI UM MAU BOCADO HOJE COM AS MINHAS DUAS MULHERES: A minha esposa e Agnes. Era aniversário da mamãe, um dia cujo retorno, nos últimos vinte e cinco anos, tenho recebido com alegria. Na situação de agora, que tristeza! Não havia nada além de peso em nossos corações. Amanhã Franz partirá para Leipzig, e, no mesmo dia, devemos entregar nossos outros dois filhos. O vovô deve se mudar para o Abrigo para Pessoas em Idade Avançada.

Prontamente se compreenderá que se pensou mais em todos esses assuntos do que no aniversário. O coração de minha esposa estava cheio a ponto de transbordar, especialmente ao ver o vovô. "O socialismo", disse ele, "é uma calamidade para todos nós; eu previ isso o tempo todo." Tentei confortá-lo descrevendo-lhe a vida fácil e agradável que levaria no Abrigo.

"O que é tudo isso para mim?", ele gritou, cheio de impaciência. "Quando terei que viver, dormir e comer com estranhos lá. Não terei mais minha filha comigo para cuidar de mim. Não poderei fumar meu cachimbo quando e onde tiver vontade. Não poderei mais brincar com Annie nem ouvir as histórias que Ernst traz da escola. Nunca saberei como as coisas estão acontecendo em sua oficina. E sempre que ficar doente, serei deixado completamente sozinho. Árvores velhas devem ser deixadas onde estão, e nunca transplantadas. Eu tenho certeza de que o fim não tardará a chegar até mim."

Tentamos tranquilizá-lo prometendo visitá-lo com frequência.

"Essas visitas", disse ele, "não passam de coisas feitas pela metade. Você nunca está sozinho e realmente à vontade, e está constantemente sendo perturbado por outras pessoas."

Conseguimos que a pequena Annie, a preferida de vovô, fizesse o melhor que podia, à sua maneira confiante, para consolá-lo. De todos, a criança era o único membro alegre. Alguém havia lhe contado muitas histórias sobre todos os bolos, lindas bonecas, cachorros espertos, livros ilustrados e outras delícias semelhantes que havia nos Lares para Crianças. Então ela nunca se cansava de falar dessas coisas.

Franz mostra resignação e uma resolução tranquila e firme. Mas não gosto de ver isso nele. Parece-me que ele está arquitetando alguns planos que está determinado a não trair. Quaisquer que sejam esses planos, acredito que não estejam em desacordo com nossos princípios socialistas.

Meu segundo filho, Ernst, não revela muito quais são seus pensamentos e sentimentos. Em relação à mãe, contudo, ele tem sido especialmente carinhoso, e isso, em geral, não é do seu feitio. Tínhamos a intenção de torná-lo aprendiz de algum ofício agora, e ele esperava por isso com muito prazer. Ele tem mãos habilidosas e abriria caminho em algum ofício; mas não fez todo o progresso nas questões escolares que seria desejável. Mas agora deve ser diferente, pois todo e qualquer rapaz de sua idade deve ser mantido na escola por mais alguns anos antes de poder receber um treinamento técnico.

Em todos os seus aniversários, mamãe nos presenteia com um suculento lombo de vitela, que Franz chama de brincadeira de nosso assado histórico.

"Quando você vier me ver, como espero que venha em breve", disse minha esposa, tristemente, quando o assado foi colocado na mesa, "não poderei colocar uma vitela assada diante de você, pois não terei mais uma cozinha só minha."

"Tenho o maior respeito imaginável por seus assados", respondi; "mas de forma alguma seria bom desistir de nossos ideais por esse motivo. Longe de haver falta de assados no futuro, nós os comeremos com mais frequência do que até agora, e muitas outras iguarias a mais."

"É verdade," ela respondeu; "mas não desfrutaremos dessas coisas juntos. Um faz sua refeição aqui, outro ali. A angústia causada ao coração individual por todo esse dilaceramento é mal compensada por saber que o público em geral vive melhor. Não me importo nem um pouco com o assado, mas me preocupo com a vida social da família."

"Ah, entendo," eu disse brincando. "Não é por causa do bolo baratinho, mas apenas pela gentileza que o acompanha. Não importa, patroa; tenha certeza de que não teremos menos estima um pelo outro no futuro e teremos mais tempo para demonstrá-la do que tivemos até agora."

"Bem, tenho certeza de uma coisa", disse ela. "Eu preferiria trabalhar dez ou doze horas por dia em casa para todos vocês do que oito horas para os filhos de outras pessoas, que não são nada para mim."

Depois de um breve silêncio, ela perguntou, queixosa:

"O que eu quero saber é: por que as coisas devem ser assim?"

E Agnes, que sempre ajuda minha esposa quando ela aborda esses assuntos, repetiu a pergunta com mais lamúria ainda. Sempre que essas duas falam em dueto, há muito pouca chance para mim, especialmente quando Franz permanece neutro ou, o que é pior ainda, continua acenando em aprovação para Agnes.

"Então você esqueceu completamente aquelas deliciosas palestras da srta. W.?", perguntei. "Aquelas palestras sobre a emancipação das mulheres e sobre a igualdade, em todos os aspectos, entre os direitos das mulheres e os direitos dos homens? Você achou aquelas palestras, na época, tão inspiradoras quanto o livro de Bebel."

"Oh, a srta. W. é uma solteirona", responderam eles, "que nunca teve mais do que seu único quarto mobiliado."

"Ainda assim, ela pode estar certa", respondi. "O princípio de direitos iguais, obrigações iguais, independentemente do sexo, constitui a base da comunidade socialista. Nossa plataforma é a total independência da esposa em relação ao marido, e esse objetivo deve ser obtido garantindo às mulheres uma renda igual e independente por serviços prestados fora de suas próprias casas: chega de servas domésticas; e chega de trabalhos escravizantes por parte de esposas e empregados. Daí nossos esforços para reduzir ao mínimo todo o trabalho doméstico, transferindo-o, tanto quanto possível, para grandes estabelecimentos centrais administrados pelo Estado. Não devemos ter crianças nem idosos nas casas, de modo que estes, por seu número variável em diferentes famílias, possam novamente dar origem a todas as gradações de riqueza e pobreza. Essas são as doutrinas que Bebel nos ensinou."

"Ouso dizer que tudo isso é matematicamente muito bem elaborado", disse vovô; "mas nunca poderá trazer felicidade. E por que não? Porque a humanidade é algo mais do que um rebanho de ovelhas."

"O vovô tem toda a razão", exclamou Agnes. E então ela agarrou Franz pelo pescoço e pendurou-se nele, e disse que nunca teve o menor desejo de ficar livre dele.

Nessas circunstâncias, imediatamente pôs-se fim a todos os argumentos razoáveis.

Mas, afinal de contas, eu gostaria que o amanhã, com todas as suas despedidas, tivesse acabado.

IX

A grande migração

NO LUGAR DO TÁXI QUE ESPERÁVAMOS QUE VIESSE BUSCAR O VOVÔ e as crianças, um caminhão de móveis estacionou em frente a casa no início da manhã. Um funcionário que o acompanhava disse que não tínhamos como sair antes da noite; suas instruções, no momento, eram apenas para buscar os móveis.

"Buscar os móveis?", disse minha esposa, espantada. "Achei que os utensílios domésticos deveriam permanecer como propriedade privada."

"Certamente, minha boa mulher", respondeu o homem. "De modo algum somos instruídos a retirar todas as coisas. Tudo o que a Comunidade reivindica é o que está incluído nesta lista."

E deu-nos o inventário do que tínhamos de entregar previamente; mostrou-nos também um exemplar do *Onward*, com um regimento interno do governo, que de alguma forma, na agitação dos últimos dias, tínhamos esquecido completamente.

Minha esposa permaneceu petrificada e demorou muito para que ela conseguisse se recuperar um pouco. O oficial, entretanto, foi muito paciente e cortês, e fez tudo o que pôde para reconciliá-la com a necessidade do momento.

"Minha boa senhora," disse ele, "onde, neste mundo, vamos conseguir juntar, de outra forma, a quantidade de mobília necessária aos muitos estabelecimentos do Estado para a educação das crianças, o cuidado dos idosos, o cuidado dos doentes, o fornecimento de refeições às pessoas, e assim por diante?"

"Então, por que não procurar pessoas ricas?", perguntou minha esposa. "Pessoas que têm grandes mansões repletas ao máximo dos mais belos móveis?"

"Nós também fazemos isso", respondeu ele, com um sorriso malicioso. "Na Zoological Gardens Street, na Victoria Street, na Regent Street e naquele distrito, há uma procissão de caminhões de móveis. Todo o tráfego para outros veículos além desses foi interrompido no momento. Ninguém deve manter mais do que um par de camas e tantos outros móveis quanto puder colocar em dois ou três cômodos de bom tamanho. Mas, mesmo assim, não temos o suficiente. Imagine só, somente aqui temos mais de 900 mil pessoas com menos de 21 anos que precisam ser alojadas em Lares para Crianças e escolas. Depois você tem outras cem mil pessoas com mais de 65 anos que precisam ser atendidas nos Abrigos. Além de tudo isso, haverá dez vezes mais leitos do que antes em todos os hospitais. Agora diga-me onde devemos obter todas essas coisas, e não roubar. E diga-me também qual seria a utilidade de todas essas camas, mesas e armários para você quando o vovô ali, o jovem cavalheiro aqui e a garotinha não forem mais residentes da casa?

Minha esposa queria, pelo menos, saber o que deveríamos fazer quando todos viessem nos visitar.

"Bem, você ainda terá seis cadeiras sobrando", foi a resposta.

"Sim; mas, quero dizer, e quando eles pernoitarem?", minha esposa perguntou.

"Haverá certa dificuldade quanto a isso, pois você encontrará pouquíssimo espaço no novo local!", ele respondeu.

Descobriu-se agora que minha boa esposa havia permitido que sua imaginação a levasse a supor que, com a nova distribuição de residências, deveríamos pelo menos receber uma pequena e elegante *villa* em algum lugar do Westend; e, então, mobiliar um ou dois cômodos vazios para nossos amigos. Devo dizer, porém, que Paula nunca teve motivos para deixar a imaginação voar tão alto, pois Bebel sempre ensinou que os assuntos domésticos devem ser os menores e os mais frugais quanto possível.

Paula tentou encontrar conforto no pensamento de que vovô e as crianças, pelo menos, dormiriam em suas próprias camas antigas em seus novos lugares. De qualquer forma, ela pretendia enviar a confortável poltrona ao Abrigo para uso de seu pai.

Mas o funcionário balançou a cabeça ao ouvir isso.

"Isso não é bem o que se pretende", disse ele. "Os artigos coletados serão separados, e o uso mais consistente, com adequação e harmonia, será feito deles. A mobília nesses locais seria um tanto heterogênea se cada interno trouxesse sua própria tralha com ele.

Isso só serviu para causar novas lamentações. A poltrona foi nosso último presente de aniversário para o vovô. Estava praticamente nova, e o velho cavalheiro sempre a achou tão confortável e macia. O berço da pequena Annie tinha sido usado por todas as crianças, uma após a outra. Ele era relegado ao sótão da tralha e trazido novamente, vez após vez, conforme a ocasião exigia. O grande guarda-roupa, que posteriormente cedemos ao vovô, foi uma das primeiras coisas que compramos quando nos casamos, e o obtivemos com pagamentos semanais. Foi preciso muito trabalho e economia para juntar nossas poucas coisas. O espelho era uma herança de meu pai. Ele sempre o usava para se barbear. Lembro-me de bater naquele canto inferior quando menino, e de levar uma boa surra por causa disso. Assim, de uma forma ou de outra, uma parte da nossa própria história de vida se apega a cada móvel do lugar. E agora todas essas coisas devem se tornar o mero equipamento de um corretor e serão espalhadas para sempre!

Mas nossas lembranças foram inúteis, e tivemos que deixá-los carregar o caminhão com nossos móveis. À noite, outro funcionário veio buscar o vovô e as crianças. Mas não nos foi permitido acompanhá-los, o oficial disse com certa aspereza que, em algum momento, deve haver um fim para todas essas separações. E não posso dizer que o homem estava totalmente errado. O fato é que toda essa demonstração de sentimento não está de acordo com as vitórias da razão dos tempos modernos. Agora que o reinado da fraternidade universal está prestes a começar, e milhões estão presos em um abraço afetuoso, devemos nos esforçar para deixar nosso olhar vagar muito além dos limites mesquinhos e estreitos dos tempos passados e vencidos.

Tentei apontar isso para minha esposa quando todos os outros foram embora e Paula e eu ficamos sozinhos. Mas, ah, meu Deus! Os quartos meio vazios estão terrivelmente silenciosos e desoladores. Não houve um silêncio assim desde o primeiro ano de nosso casamento.

“Eu me pergunto se as crianças e o vovô terão boas camas esta noite!”, disse minha esposa neste momento. “E se eles conseguirão dormir. A pobre Annie, na verdade, estava quase dormindo quando o homem veio buscá-la. Também me pergunto se as roupas dela foram entregues corretamente e se eles a vestiram com sua camisola longa, para que ela não fique resfriada. A criança tem mania de chutar a coberta durante o sono. Eu havia colocado a camisola dela bem em cima das outras coisas, com um pequeno bilhete para a atendente."

Temo que nenhum de nós consiga pregar o olho esta noite. É apenas gradualmente que alguém pode se acostumar com essas coisas.

A nova moeda

O COMÉRCIO ESTÁ MUITO INTENSO PARA OS FOTÓGRAFOS. TODAS as pessoas com idades entre 21 e 65 anos, ou seja, todos os que não são prisioneiros de estabelecimentos do Estado, receberam instruções para ter o seu retrato tirado. Esse passo é uma parte essencial do plano do governo para a introdução da nova moeda. O antigo sistema de cédulas e moedas será abolido e, em seu lugar, serão emitidos os chamados certificados de dinheiro.

Em um editorial sobre essa inovação, o *Onward* observa, em verdade, que o ministro do Comércio tem demonstrado muita sagacidade e prudência na resolução do problema de obtenção de um meio de troca que cumpra todos os deveres legítimos de tal meio e, ao mesmo tempo, não permita a ressurreição de uma classe capitalista. Ao contrário do ouro e da prata, a nova moeda não possui valor intrínseco, mas consiste simplesmente em ordens ou cheques emitidos pelo Estado, único possuidor de todos os artigos de venda.

Cada trabalhador a serviço do Estado recebe quinzenalmente uma série de certificados de dinheiro na forma de um talão de cupons. O nome de cada titular está impresso na capa e, com o objetivo de impedir a utilização dos cupons por outras pessoas, decretou-se que a fotografia de cada titular individual seja anexada ao seu talão de cupons. É evidente que as ordens do governo, regulando de modo semelhante as horas de trabalho para todas as pessoas e prescrevendo a mesma escala de remuneração para todos, impedirão o retorno das desigualdades sociais decorrentes da gradação das faculdades possuídas por pessoas diferentes e do uso feito dessas faculdades. Mas, além disso, deve-se tomar cuidado para evitar, por meio de desigualdades na escala de consumo, todas as acumulações de valor nas mãos de pessoas que são parcimoniosas ou cujas necessidades são pequenas. Esse era um perigo evidente e, se desconsiderado, teria como efeito, no devido tempo, a produção de uma classe capitalista, que gradualmente traria à sujeição aquelas pessoas menos parcimoniosas que tinham o hábito de consumir toda a sua renda.

A fim de evitar o desvio e o uso indevido de certificados de dinheiro, fica expressamente compreendido que os cupons não podem, em nenhuma circunstância, ser destacados pelos seus titulares, mas que só têm valor representativo quando destacados pelos vendedores do Estado ou outros funcionários semelhantes nomeados para esse fim.

Todos os pagamentos devem ser feitos no local, em cupons. Assim, por exemplo, compete ao porteiro de entrada, posicionado em cada prédio, destacar diariamente um cupom de habitação da caderneta de cada morador do local.

A nova distribuição de habitações deve ocorrer imediatamente antes da abertura das cozinhas do Estado, um arranjo pelo qual a necessidade adicional de cozinhas privadas será evitada. Quando elas forem abertas, o equivalente a um jantar será destacado pelo funcionário do governo sob a forma de um cupom de jantar; o subsídio de pão (680 gramas diários, por cabeça), em forma de cupom de pão, e assim por diante. Os vários cupons dos talões representam, evidentemente, valores diferentes, deixando-se ao gosto de cada titular uma margem de manobra muito considerável quanto à forma como pretende utilizar os seus cupons. Todas as compras devem ser feitas nos depósitos e nas lojas do Estado, e deve-se tomar cuidado para que os vendedores, em todos os casos, não destaquem nada além dos cupons no valor exato.

Como cada cupom tem o mesmo número que a capa externa, e todos os detentores são inscritos no registro do governo, a qualquer momento é fácil saber, pelos cupons coletados, a maneira como cada pessoa gastou sua renda. O governo, dessa forma, está em condições de, a qualquer momento, observar se as pessoas gastam os seus rendimentos em vestuário, ou em comida e bebida, ou como os gastam; e um conhecimento desse tipo deve diminuir materialmente a dificuldade de regular a produção e o consumo.

Todo comprador tem total liberdade para aplicar ao próprio uso os produtos que obteve em troca de cupons ou para entregá-los ao uso de outras pessoas. Não, ele pode até mesmo deixar coisas para outros. A calúnia muitas vezes lançada contra o socialismo, de que visa à distinção de toda propriedade privada, fica assim, como o *Onward* claramente mostra, totalmente refutada, e refutada de uma maneira que deveria fazer os inimigos e caluniadores do socialismo corarem de vergonha. O socialismo nunca desejou nada mais do que ver esses limites estabelecidos sobre o capricho individual, de modo que impedisse a formação do capital privado e de um sistema de pilhagem.

As pessoas que, ao término da quinzena, não tiverem esgotado todos os seus cupons, recebem o restante em seu crédito no novo talão. Mas, é claro, mesmo aqui é necessário traçar a linha em algum lugar e coordenar medidas para evitar que esses remanescentes sucessivos se transformem em capital real. Uma soma de sessenta marcos é considerada mais do que suficiente para permitir que seu possuidor se entregue à satisfação de todos os desejos razoáveis. Qualquer economia mais substancial do que sessenta marcos passa a ser do Estado.

XI

As novas moradias

A LOTERIA UNIVERSAL DE MORADIAS ACONTECEU E AGORA ESTAMOS de posse de nosso novo lar; mas não posso dizer exatamente que melhoramos nossa posição. Morávamos em S.W., na frente da casa, no terceiro andar. Curiosamente, uma moradia caiu em nosso lote no mesmo local, só que fica nos fundos da casa, e bem no quintal, na verdade. Fica também no terceiro andar.

A decepção de minha esposa é considerável. Ela havia desistido de pensar em uma pequena *villa*, mas ainda se apegava à esperança de conseguir um belo conjunto de quartos em um apartamento elegante.

Sempre fui bastante exigente quando o assunto era ter uma boa casa. Até agora tivemos dois quartos de bom tamanho, dois menores e a cozinha para nossa família de seis pessoas. É verdade que os dois quartos menores em que o vovô e as crianças costumavam dormir agora podem ser dispensados, e a cozinha não é mais uma parte necessária em uma moradia, visto que as cozinhas do Estado estão em vésperas de abrir. Mas, mesmo assim, ousei esperar que pelo menos dois ou três quartos limpos e bonitos caíssem para nós; mas, em vez disso, temos apenas um pequeno quarto com uma janela e um sótão pequeno e estreito, semelhante àqueles em que os criados costumavam dormir. Os quartos também são um pouco mais escuros e mais baixos do que os antigos. Essa é toda a extensão do alojamento.

Não que eu queira, de alguma forma, deixar passar a mensagem de que houve a menor injustiça. Nosso corpo municipal é bastante direto, e ninguém além de bandidos pode dar mais do que possui. Ainda ontem, em reunião do Conselho, ficou estabelecido que nossa cidade tem apenas 1 milhão de quartos para seus 2 milhões de habitantes. Mas a demanda por espaço para vários propósitos públicos e benevolentes aumentou imensamente na comunidade socialista, e o espaço até então empregado para tais propósitos é suficiente apenas para cobrir uma pequena fração dos requisitos atuais. Em primeiro lugar, era preciso encontrar espaço, em escolas e várias casas de manutenção, para 1 milhão de pessoas, jovens e idosas. Além disso, foram fornecidas acomodações em hospitais para 80 mil pessoas.

Mas é claro que tais interesses públicos devem prevalecer sobre os privados. Portanto, é natural e correto que as melhores e maiores casas, mais particularmente no Westend, tenham sido apropriadas para esses propósitos. No centro da cidade, lojas e depósitos estão amontoados, e muitos dos seus porões são montados como cozinhas estatais para o milhão de habitantes que não estão confinados em instituições públicas. Instalações de quintal em situações adequadas estão sendo adaptadas como lavanderias centrais para esse milhão. Assim, será visto que a designação de tantos espaços separados para propósitos separados teve o efeito de reduzir materialmente a acomodação para residências particulares.

No início do novo regime, constatou-se, como já referido, que, em números redondos, estavam 1 milhão de cômodos à disposição das autoridades. Destes, depois de deduzidas as necessidades das várias instituições públicas, restam cerca de 600 mil cômodos mais ou menos pequenos, aos quais, no entanto, devem ser adicionadas várias centenas de milhares de cozinhas (que agora se tornaram supérfluas), sótãos e águas-furtadas. Como há 1 milhão de pessoas para sustentar, vê-se imediatamente que o espaço alocado é de cerca de um quarto por cabeça; e, a fim de observar a maior imparcialidade na disposição desses quartos, eles foram atribuídos por sorteio: cada pessoa com idade entre 21 e 65 anos, independentemente do sexo, recebendo um bilhete de loteria. E, de fato, esse sistema de sorteio é um excelente meio de regulamentar o princípio da igualdade onde quer que as características essenciais sejam desproporcionais. Os social-democratas de Berlim, mesmo sob o antigo regime, haviam introduzido esse sistema de sorteio para assentos nos teatros.

Após a conclusão desse sorteio de residências, as trocas dos quartos que haviam caído para os vários titulares de cupons foram permitidas. Aquelas pessoas que desejavam permanecer juntas, como os casados, por exemplo, mas que tinham seus aposentos em ruas, casas ou andares diferentes, podiam trocá-los da melhor forma possível. De minha parte, tive de aturar um quartinho, que não passa de uma despensa, contíguo ao quarto que coubera ao lote de minha mulher, e, para conseguir essa despensa, tive de ceder meu belo quarto, em uma casa vizinha, a um jovem para quem a despensa havia caído; mas o principal, afinal, é que não nos separamos.

Não que todos os casais tenham, de alguma forma, conseguido obter uma troca satisfatória de quartos. Pode até mesmo haver alguns que não se deram ao mínimo trabalho para garantir esse objetivo. O casamento é um assunto privado; portanto, oficialmente, não pode haver sorteios de moradias maiores para os casados, e de menores para os solteiros. Se fosse esse o caso, então, a rescisão de um contrato de casamento, por exemplo (que deveria ser possível a qualquer momento), poderia ter de ser adiada até que fossem obtidos quartos individuais para as pessoas envolvidas. Como está agora, cada moradia composta, formada por duas metades para um contrato de casamento, pode a qualquer momento na rescisão do contrato, ser dissolvida em suas metades originais. Basta fazer uma divisão dos móveis e está tudo resolvido.

Vemos, assim, que tudo na nova Comunidade foi resolvido de forma lógica e sagaz. Todos os arranjos garantem plena liberdade pessoal a todo homem e a toda mulher; e quão humilhados devem se sentir aqueles que costumavam sustentar que o socialismo significava a subjugação da vontade individual.

Não que considerações do tipo acima sejam pessoalmente importantes para minha cara-metade e para mim; venha a felicidade ou a tristeza, ficaremos juntos até o fim da jornada da vida.

Em nossa mudança para cá, infelizmente, tivemos que deixar várias de nossas coisas para trás. Os novos aposentos eram pequenos demais para guardar até mesmo o que nos restou depois do dia dos caminhões de móveis. É claro que enchemos nosso cantinho com o máximo que ele podia guardar, de modo que mal podemos nos mover. Mas o fato é que este meu cubículo de velho criado é tão miseravelmente pequeno que é pouquíssimo aquilo que posso colocar nele. Não se saiu melhor para muitas pessoas. Na mudança geral, um grande número de coisas foi deixado nas ruas, pela simples razão de que seus donos não encontraram espaço para elas em suas novas habitações. Essas coisas foram recolhidas e transportadas para aumentar tanto quanto possível o ainda escasso equipamento das numerosas instituições públicas.

No entanto, não permitimos que isso nos aflija nem um pouco. O problema é superar o antiquado sistema de existências privadas, limitadas e escassas, e organizar, na nova sociedade, a vida do público em geral em uma escala tão vasta e grandiosa que todas as boas coisas, corporais e mentais, que outrora eram usufruídas apenas por uma classe favorecida, agora estarão ao alcance de todos. A abertura das cozinhas estatais amanhã será seguida pela abertura dos novos teatros populares.

XII

As novas cozinhas do Estado

FOI DE FATO UMA REALIZAÇÃO MARAVILHOSA QUE HOJE, EM BERLIM, mil cozinhas estatais, cada uma capaz de acomodar mil pessoas, tenham sido abertas de uma só vez. É verdade que aquelas pessoas que imaginaram que seria como o *table d'hôte** dos grandes hotéis do passado, onde uma mimada classe alta continuamente se deleitava com todos os refinamentos da arte culinária — essas pessoas, eu diria, devem estar sentindo um pouco de desapontamento. Naturalmente, também não temos aqui garçons elegantes e de rabo de andorinha, listas de refeições com um metro de comprimento e nenhuma parafernália desse tipo.

Nas cozinhas do Estado, tudo, até os mínimos detalhes, foi antecipadamente previsto e estabelecido. Ninguém recebe a menor preferência sobre os outros. A seleção e escolha entre as várias cozinhas do Estado não pode, é claro, ser tolerada. Cada pessoa tem direito a comer na cozinha do distrito em que está situada a sua habitação. A principal refeição do dia é feita entre meio-dia e seis horas da tarde. Cada um deve apresentar-se na cozinha do seu distrito, seja durante o descanso do meio-dia ou próximo ao final do dia.

Lamento dizer que agora não posso mais fazer minhas refeições com minha esposa — exceto aos domingos — como vinha fazendo nos últimos vinte e cinco anos, visto que nossas horas de trabalho agora são totalmente diferentes.

---

* O termo *table d'hôte* (em francês, literalmente, "mesa de anfitrião") vem do fato de que uma tal refeição se assemelha àquela servida aos convidados em uma reunião de casa, onde o anfitrião tem predeterminado o que será servido aos convidados. Esse menu caracteriza-se por refeições com vários pratos com apenas algumas opções que são cobradas a um preço total fixo; opõe-se ao cardápio *à la carte*, em que há um preço para cada item https://en.wikipedia.org/wiki/Table_d'h%C3%B4te. (N.T.)

Ao entrar no refeitório, um funcionário retira o cupom do jantar de seu talão de certificados de dinheiro e lhe entrega um número que indica a sua vez. Conforme o tempo vai passando, outros se levantam e vão embora, e chega a sua vez, e você pega seu prato de comida nas mesas de servir. A presença de um forte corpo de policiais mantém a mais rigorosa ordem. A polícia de hoje — cujo número agora aumentou para 12 mil — deu a si mesma ares de importância nas cozinhas do Estado, mas o fato é que a multidão era muito grande. Parece-me que Berlim se mostra muito pequena para as vastas empreitadas do socialismo.

À medida que cada um ocupa seu lugar assim que sai de seu trabalho, os grupos, às vezes, têm uma aparência um tanto heterogênea. Em frente a mim hoje estava sentado um moleiro, e seu vizinho era um varredor. O varredor riu disso com mais vontade do que o moleiro. A sala das mesas é muito apertada e os cotovelos de cada lado atrapalham muito. No entanto, não é por muito tempo, os minutos permitidos para comer são medidos de forma muito mesquinha. Ao término dos exíguos minutos — um policial com um relógio na mão fica na cabeceira de cada mesa a fim de verificar se o tempo é estritamente respeitado —, você é impiedosamente obrigado a dar lugar para o próximo.

É um pensamento inspirador refletir que em todas as cozinhas estaduais em Berlim, no mesmo dia, são servidos exatamente os mesmos pratos. Como cada estabelecimento sabe com quantos visitantes tem que contar, e como esses visitantes são poupados de todo o embaraço de ter que fazer escolhas em um longo cardápio, é claro que não se perde tempo; simultaneamente, também não se vê aquele desperdício e perda resultante da sobra de muita coisa, circunstância que tanto foi usada para aumentar o preço das refeições nos restaurantes das classes altas. De fato, essa economia pode ser considerada um dos triunfos mais marcantes da organização socialista.

Pelo que nos conta uma vizinha nossa, que é cozinheira, originalmente pretendia-se servir pratos variados no mesmo dia. Logo ficou evidente, no entanto, que haveria uma manifesta falta de igualdade em tal arranjo; na medida em que aquelas pessoas que, por qualquer motivo, fossem impedidas de vir em tempo hábil, não teriam a chance de comer dos pratos que haviam terminado, mas teriam de comer dos que restavam.

Todas as porções servidas são do mesmo tamanho. Um sujeito insaciável de hoje, que pediu mais, foi devidamente servido quando riram com vontade na cara dele; afinal, que golpe mais mortal poderia ser dado a um dos princípios fundamentais da igualdade? Pela mesma razão, a sugestão de servir porções menores para as mulheres foi imediatamente rejeitada com indignação. Homens grandes e volumosos têm que aguentar as porções do mesmo tamanho e fazer o melhor que podem. Mas, então, para aqueles entre eles que, em suas antigas e fáceis circunstâncias, costumavam se empanturrar, este recolhimento do cinto é uma coisa muito boa e saudável. Quanto ao resto, as pessoas podem trazer de casa quanto pão quiserem e comê-lo com as suas refeições. Além disso, qualquer pessoa que achar que suas porções são maiores do que deseja não está proibida de dar uma parte a seus vizinhos.

Segundo diz a nossa vizinha cozinheira, parece que o Ministério da Alimentação Pública baseou seu cardápio na experiência adquirida por uma investigação científica quanto ao número de grãos de matéria nitrogenada e de matéria hidrocarbonada que é necessário introduzir no corpo para mantê-lo intacto. A porção diária de cada pessoa é de cerca de 152 gramas de carne, com arroz, sêmola ou algum vegetal, ao qual geralmente é adicionado um abundante suprimento de batatas. Às quintas-feiras, temos chucrute e ervilhas. Os cartazes anunciam o que vai ser cozinhado em cada dia, e esses cartazes dão a você o cardápio da semana inteira, assim como costumavam anunciar as peças nos teatros durante toda a semana.

Onde, eu gostaria de saber, em todo o mundo, houve um povo em que cada indivíduo tivesse assegurado, dia após dia, sua porção de carne, como é o caso agora conosco? Nem mesmo um rei da França, refletindo uma vez sobre essas questões, poderia formular para si mesmo ideal maior do que o de, aos domingos, todo camponês ter sua ave na panela. Além disso, devemos lembrar que, fora do sistema de alimentação fornecido pelo Estado, fica a gosto de cada um se deliciar com o que quiser, tanto pela manhã quanto à noite — isto é, desde que esteja dentro dos limites do certificado de dinheiro.

Chega de criaturas pobres, famintas, miseráveis e desabrigadas! Para cada homem, com a chegada do dia, sua porção de carne! O pensamento de ter atingido objetivos como esses é tão inspirador que podemos prontamente perdoar quaisquer inconveniências insignificantes que o novo sistema tenha trazido consigo. É verdade que as porções de carne não seriam piores se fossem um pouco maiores, mas então nosso cauteloso governo adotou o sábio plano de não distribuir, no início, mais carne do que anteriormente, em média, era consumida aqui. Mais tarde, todas essas coisas serão diferentes e, com o passar do tempo, quando os novos arranjos estiverem cada vez mais próximos da conclusão e o período de transição tiver passado, teremos tudo em uma escala mais vasta e magnífica.

Mas há uma coisa que impede minhas asas de tomarem o voo elevado que de outra forma fariam, e esta é a preocupação que minha boa esposa mostra. Ela está ficando muito nervosa e seu estado piora a cada dia. Durante todos os vinte e cinco anos de nossa vida de casados, nunca tivemos tantas cenas e explicações dolorosas como desde o início da nova era. As cozinhas estaduais também não são do seu agrado. A comida, diz ela, é a ração do quartel e um substituto pobre para a comida saudável que as pessoas costumavam comer em suas próprias casas. Ela reclama que a carne está muito assada, que o caldo está aguado, e assim por diante. Ela também diz que, de repente, perde todo o apetite por saber de antemão o que tem de comer durante uma semana inteira. No entanto, quantas vezes ela havia reclamado comigo que, com os altos preços das coisas, ela já estava no limite da sua imaginação para saber o que cozinhar. Antigamente ela se alegrava, quando, vez ou outra, fazíamos uma excursão de um dia, ao pensar que, naquele dia, ela estava dispensada do trabalho de cozinhar qualquer coisa. Bem, é assim com as mulheres, e elas sempre têm algo a dizer contra tudo o que não cozinharam. Minha esperança é que, no entanto, assim que minha esposa visitar as crianças e seu pai nas Instituições Benevolentes, e encontrá-los saudáveis e contentes, aquela sua serenidade seja restaurada, a qual, nos velhos tempos, nunca a abandonou, mesmo em nossas provações mais severas.

XIII
Um incidente vexatório

NOSSO CHANCELER JÁ NÃO É TÃO CONSIDERADO COMO COSTUMAVA ser. Lamento ver isso, porque é impossível encontrar em qualquer lugar um líder de Estado mais capaz, enérgico e ativo, ou um socialista mais completo e consistente. Mas, então, nem todo mundo é tão imparcial quanto eu. Existem muitas pessoas que não se importam muito com a nova ordem das coisas ou que ficam um tanto decepcionadas em suas expectativas; e todas essas pessoas colocam a culpa no chanceler. Este é especialmente o caso das mulheres desde as remoções universais e a introdução das cozinhas estatais. Fala-se até de um partido de reação sendo formado entre as mulheres, mas sou grato por dizer que minha esposa não faz parte desse número, e espero, por Deus, que Agnes não faça.

A queixa que assiduamente tem circulado contra o chanceler é de que ele é um aristocrata de coração. Diz-se, inclusive, que não é ele próprio quem limpa as botas, que deixa um criado escovar e limpar as suas roupas, que manda alguém do Tesouro buscar as suas refeições na cozinha estatal do seu distrito, em vez de ir lá ele mesmo. Tais coisas, de fato, seriam graves ofensas ao princípio da igualdade; mas, no final das contas, trata-se de as acusações serem ou não verdadeiras.

De qualquer forma, essa insatisfação, que claramente foi alimentada pelos Younkers, um partido composto principalmente de jovens volúveis para os quais nada é bom o suficiente, acaba de culminar em uma explosão de sentimento público que se manifestou em um espírito muito repreensível e feio. A inauguração do novo monumento alegórico em comemoração aos grandes feitos da Comuna de Paris de 1871* ocorreu ontem na praça, que outrora foi a praça do Palácio. Desde então, a praça tem sido continuamente cercada por multidões ansiosas para ver esse magnífico monumento. Voltando de um passeio de carruagem, o chanceler teve que passar pela praça. Ele estava quase chegando à entrada do Tesouro quando, de repente, nas proximidades do Arsenal, vaias, gritos e tumulto geral se seguiram. Como era de se esperar, a polícia montada (que agora tinha sido restabelecida) demonstrava um zelo muito grande na obtenção de uma passagem para a carruagem do chanceler. O tumulto aumentou em fúria e houve gritos: "Abaixo o aristocrata; abaixo o arrogante orgulhoso; joguem a carruagem no canal! A multidão evidentemente ficou muito irritada com o agora raro espetáculo de uma carruagem particular.

O chanceler, com uma raiva maldisfarçada, ainda assim curvou-se cortesmente em todas as direções e deu ordens para que se dirigisse devagar. De repente, porém, ele foi saudado por muita lama e sujeira aparentemente vinda de um grupo de mulheres, e eu o vi se livrar, na medida do possível, dessa sujeira, e notei também que ele proibiu a polícia de atacar as mulheres com seus cassetetes. Cenas como essa, totalmente indignas do socialismo, certamente não deveriam ocorrer. E fiquei feliz em ouvir hoje, de vários quadrantes, que se pretende preparar grandes aclamações para o chanceler.

* A Comuna de Paris foi uma insurreição popular que ocorreu na capital francesa entre 18 de março e 21 de maio de 1871. Populares das camadas mais baixas de Paris organizaram-se politicamente para protestar contra a crise social e política vivida pela França naquele período. Esse evento foi resultado de diversos fatores específicos do período: a crise nacional do regime bonapartista, que começava a declinar; o abalo provindo da Guerra Franco-Prussiana; e, principalmente, a ascensão da ideologia e do desenvolvimento político de ideais socialistas entre o proletariado europeu, expressos pela expansão da Associação Internacional dos Trabalhadores (AIT). A comuna foi derrotada pelo governo após sangrentas batalhas pelas ruas de Paris. https://pt.wikipedia.org/wiki/Comuna_de_Paris. (N.T.)

XIV

Uma crise ministerial

O CHANCELER APRESENTOU SUA RENÚNCIA. TODAS AS PESSOAS bem-intencionadas devem lamentar sinceramente esse passo, especialmente após o evento de ontem. Diz-se que o chanceler está exausto e nervoso. E, de fato, isso dificilmente é de se estranhar, pois ele teve cem vezes mais coisas em que pensar e trabalhar do que qualquer chanceler sob o antigo sistema. A ingratidão da multidão o feriu profundamente, e o incidente de ontem foi apenas a última gota, que fez o cálice transbordar.

Descobriu-se, no entanto, que a questão da limpeza de botas estava realmente no fundo da crise ministerial. Sabe-se agora que o chanceler, algum tempo atrás, entregou ao Gabinete um elaborado memorando, memorando esse, no entanto, que os outros ministros persistentemente sempre conseguiam arquivar. O chanceler insiste agora em dar atenção ao seu memorando e o inseriu no *Onward*. Ele exige que as diferenças de classe sejam instituídas e diz que, de sua parte, não pode dispensar os serviços de outros. O máximo de oito horas diárias simplesmente não se aplica e não existe para um chanceler, e nem poderia, senão com três chanceleres para governar em turnos de oito horas cada um ao longo das vinte e quatro horas. Ele afirma que, como chanceler, perdia um tempo valioso todas as manhãs limpando as botas, escovando as roupas, arrumando o quarto, pegando o café da manhã e com tarefas semelhantes; e que, como consequência, assuntos de grave importância para o Estado, que somente ele estava em posição de atender, estavam sujeitos a atrasos vexatórios. Ele não teve outra escolha, disse, senão aparecer ocasionalmente perante os embaixadores de potências amigas com um ou dois botões a menos em seu casaco, ou, ele mesmo (o chanceler, como é sabido, não é casado) fazer pequenos reparos que eram muito urgentes ou muito insignificantes para serem enviados às grandes oficinas de reparo do Estado. Ele argumenta ainda que, ao ter um servidor para realizar essas pequenas tarefas, um tempo valioso seria economizado para o público. Além disso, ter que fazer suas refeições na única cozinha do Estado designada era muito cansativo, por causa da multidão de suplicantes que, diariamente, organizava uma caçada atrás dele. Quanto aos passeios de carruagem, ele nunca os fazia, exceto quando, devido ao pouco tempo de que dispunha, era totalmente impossível respirar um pouco de ar fresco.

Tudo isso, é claro, parece muito plausível, mas não há como negar que uma proposição desse tipo é diametralmente oposta ao princípio da igualdade social e que tenderia fortemente a reintroduzir o sistema de escravidão doméstica. Aquilo que é exigido pelo chanceler para si, outros podem com igual direito exigir, e logo teremos seus colegas no Gabinete, e outros como, por exemplo, chefes de departamentos do governo, diretores das numerosas instituições do Estado, prefeitos de cidades, etc., etc., tendo as mesmas pretensões. Por outro lado, no entanto, certamente parece uma pena que toda a vasta maquinaria do Estado, de cujo bom funcionamento dependem questões tão poderosas, deva parar de vez em quando porque o chanceler tem que costurar um botão ou engraxar as botas antes de receber alguém em audiência.

Essa é uma questão mais importante do que aparenta ser a todos, à primeira vista. Mas o fato de um chanceler tão excelente e um socialista tão consistente tropeçar em um obstáculo desse tipo, no curso de sua carreira, não pode ser muito lamentado.

XV
Emigração

A CRISE MINISTERIAL PROVOCADA PELA QUESTÃO DO POLIMENTO de botas ainda não acabou. Entretanto, foi emitido um decreto contra toda a emigração sem autorização das autoridades. O socialismo baseia-se no princípio de que é dever de todas as pessoas trabalhar igualmente, assim como, sob o antigo regime, o dever de se tornar um soldado era universalmente reconhecido. E, tal como nos velhos tempos, os jovens que estavam maduros para o serviço militar nunca foram autorizados a emigrar sem permissão, nosso governo também não pode permitir que pessoas que estão na idade certa para trabalhar emigrem das nossas costas. Os idosos que já não trabalham e as crianças têm liberdade de ir embora, mas o direito de emigrar não pode ser concedido a pessoas robustas que tenham obrigações para com o Estado, pela sua educação e cultura, enquanto estiverem em idade de trabalhar.

No início da nova ordem das coisas, quaisquer outras pessoas além de cavalheiros de posses particulares com suas famílias mostraram qualquer desejo de cruzar as fronteiras. É verdade que a capacidade de trabalho dessas pessoas foi originalmente considerada como um fator na soma geral; mas logo descobriu-se que o trabalho feito por pessoas que nunca estiveram acostumadas a um trabalho mais pesado do que o de destacar cupons ou assinar recibos era de tão pouco valor que mais ajuda desses setores poderia muito bem ser dispensada. Essas pessoas tinham, portanto, toda a liberdade de ir. O principal era tomar cuidado para que não levassem consigo dinheiro ou valor em dinheiro para além da fronteira. Então, novamente, a emigração de quase todos os pintores, escultores e autores era algo que podia ser visto com a mais perfeita equanimidade. O novo sistema de trabalho em grande escala, e mais ou menos em um mesmo padrão, não era do gosto desses cavalheiros. Eles levantaram objeções quanto a trabalhar com outros nas grandes oficinas do Estado, para o bem do Estado em geral, e a ser submetidos à supervisão de funcionários. Deixem todos esses descontentes irem embora! Não faltarão poetas que, em suas horas de lazer, cantarão alegremente os louvores do socialismo. Fora insinuado a artistas e escultores que eles não poderiam mais deixar suas obras de arte aos pés de ricos insolentes, mas teriam que, no futuro, dedicá-las à nação em geral. E isso não combina de forma alguma com esses servos de Mamon.*

Há, no entanto, um fato desagradável ligado à emigração de todos os escultores, a saber, a proposta de construção de estátuas a muitos dos falecidos heróis de nossa causa parece ficar indefinidamente adiada. Nem mesmo as estátuas dos memoráveis pioneiros Stadthagen e Liebknecht estão concluídas. Por outro lado, a liberação dos salões da burguesia colocou à nossa disposição uma vasta quantidade de esculturas para a decoração de nossos salões de reunião e afins.

Uma palavra a respeito dos autores. Esses senhores que tudo criticam, e cuja função é espalhar o descontentamento entre o povo, podem de fato ser facilmente dispensados em um Estado cuja vontade das massas é lei. Há muito tempo, Liebknecht usou estas palavras memoráveis: "Aquele que não se curva à vontade da maioria, aquele que mina a disciplina deve ser eliminado".

Se todos esses cavalheiros partirem por conta própria, tanto melhor.

Se isso fosse tudo, nenhuma proibição de emigração teria sido necessária. Mas a parte incompreensível da questão foi observar que pessoas úteis, e pessoas que realmente sabiam alguma coisa, iam em número cada vez maior para a Suíça, para a Inglaterra, para a América, onde o socialismo não conseguiu se estabelecer. Arquitetos, engenheiros, químicos, médicos, professores, gerentes de obras e moinhos, e todos os tipos de trabalhadores qualificados, emigravam em bandos. A principal causa disso parece ser uma certa exaltação da mente que é muito lamentável. Essas pessoas imaginam ser melhores e não podem suportar a ideia de obter apenas o mesmo salário que o simples trabalhador honesto. Bebel disse com

* Na era pré-cristã, eram cultuados muitos deuses. Mamon, contudo, não era o nome de uma divindade, e sim um termo de origem hebraica que significa dinheiro ou bens materiais. No Evangelho, a palavra é utilizada quando afirma que não é possível servir simultaneamente a Deus e a Mamon (Lucas 16:13). O termo, no texto original, também é citado no Evangelho de Mateus. https://pt.wikipedia.org/wiki/Mamon. (N.T.)

muita verdade: "Qualquer que seja o homem individual, a Comunidade fez dele o que ele é. As ideias são o produto do *zeitgeist** nas mentes dos indivíduos".

Infelizmente, o *zeitgeist* sob o antigo sistema por muito tempo vagueou, perdido nos labirintos do erro. Daí todas essas noções malucas sobre a superioridade de um homem sobre o outro.

Assim que nossos jovens tiverem recebido treinamento adequado em nossas instituições socialistas e forem imbuídos da nobre ambição de dedicar todas as suas energias ao serviço da Comunidade, seremos capazes de prescindir de todos esses esnobes e aristocratas. Até lá, no entanto, é certo e justo que eles fiquem aqui conosco.

Nessas circunstâncias, o governo deve ser elogiado por levar a cabo, rigorosamente, as suas medidas para prevenir a emigração. A fim de fazê-lo com mais eficácia, considerou-se conveniente enviar fortes corpos do exército para as fronteiras e para as cidades portuárias. As fronteiras com a Suíça receberam atenção especial das autoridades. Anunciou-se que o Exército permanente será ampliado com muitos batalhões de infantaria e esquadrões de cavalaria. As patrulhas de fronteira têm instruções estritas para abater sem a menor cerimônia todos os fugitivos.

Nosso chanceler é um homem enérgico, e é de se esperar que continue por muito tempo à frente de tudo.

* Espírito da época, sinal dos tempos. O zeitgeist é o conjunto do clima intelectual e cultural do mundo, numa certa época, ou as características genéricas de um determinado período. https://www.significados.com.br/zeitgeist/. (N.T.)

XVI

A aposentadoria do chanceler

MEU ARDENTE DESEJO NÃO FOI REALIZADO. A RENÚNCIA DO CHANceler foi aceita, e o presidente da Câmara foi nomeado como seu sucessor. Parece que o Gabinete não conseguiu chegar a uma decisão unânime sobre aceitar a responsabilidade de permitir que o chanceler contratasse alguns servidores para sua conveniência particular. O principal motivo para isso foi que tal infração do princípio da igualdade social levaria a consequências completamente incalculáveis. Daí a necessidade da reconstrução do Gabinete. Tenhamos em mente o perigo que correríamos, fazendo com que todo o edifício socialista caísse sobre nós, se apenas uma única pedra essencial fosse adulterada. Foi em referência a essa mesma questão acerca de limpar botas que Bebel escreveu certa vez: "Nenhum homem é degradado pelo trabalho nem mesmo quando esse trabalho consiste em limpar botas. Muitos homens de alto nascimento tiveram que descobrir isso na América".

O governo estava fortemente inclinado a seguir o método proposto por Bebel para solucionar essa dificuldade na vida prática, voltando maior atenção à questão de escovar as roupas e limpar as botas por meio de máquinas. Mas a perspectiva de ter que esperar por máquinas apropriadas para fazer todas essas tarefas por ele não parecia do gosto do chanceler, então ele se aposentou do cargo.

Seu sucessor é considerado de caráter mais conciliador, mas menos enérgico; um homem que está determinado a não ser descortês em nenhum lugar, mas a tornar as coisas agradáveis em todos os aspectos.

Com muita ostentação, o novo chanceler apareceu hoje na cozinha estadual de seu distrito, ocupando seu lugar na longa fila e jantando quando chegou a sua vez. Depois foi visto na *Unter den Linden* com uma grande trouxa de roupas velhas debaixo do braço, que ele estava levando à oficina do distrito para lavar e consertar.

XVII

Dentro e em torno das oficinas

ESTOU MUITO FELIZ POR TER RECEBIDO AGORA A NOMEAÇÃO DE inspetor que meu amigo no governo me prometeu há algum tempo. Não terei mais que trabalhar na oficina. Eu só queria que Franz tivesse a mesma sorte e pudesse escapar de sua mesa de tipógrafo. Nem por um momento estamos acima de nossos ofícios, mas sei que Franz se sente exatamente como eu, e o estilo pelo qual o trabalho é feito em todas as oficinas agora não combina nem um pouco comigo e com Franz. As pessoas não trabalham apenas por causa de um pedaço de pão e nada mais. Schiller era um dos burgueses, mas, apesar disso, sempre gostei dessas falas dele:

"Tis this indeed mankind doth grace, (And hence the gift to understand,) First in his inward self to trace All that he fashions with his hand."	"É esta a graça da humanidade, (E daí o dom de entender,) Primeiro em seu eu interior para descobrir Tudo o que ele molda com a mão."

Infelizmente, nossos colegas nas oficinas hoje em dia não têm consciência de tal sentimento. Isso está longe de ser o caso de se pensar que as oficinas são simplesmente lugares para matar o tempo e nada mais. A palavra de ordem universal é:

"Don't push on too fast, Lest the laggards be last."	"Não vá muito rápido, Para que os retardatários não sejam os últimos."

O trabalho por peça e o trabalho em grupos cessaram. Isso é natural, pois tais estilos de trabalho nunca poderiam ser harmonizados com as ideias de igualdade de salários e de jornada de trabalho. Mas o que Franz não gosta muito, como ele me escreve, é a maneira que eles têm agora de procrastinar o trabalho. Apesar de salários seguros e regulares, eles dizem:

"Se o trabalho não for concluído hoje, será concluído amanhã."

Diligência e zelo são vistos como estupidez e perversidade. E, de fato, por que alguém deveria ser esforçado? O mais diligente não se sai melhor que o mais preguiçoso. Ninguém é mais, assim escreve Franz, o forjador dos elos de sua própria felicidade, mas outros forjam os elos que irão prendê-lo da maneira que lhes aprouver.

Essa é a exasperação com que Franz escreve e desta vez ele não está tão errado quanto costuma estar.

Não há como descrever a quantidade de danos causados a materiais e ferramentas por desatenção e descuido. Eu teria enlouquecido, quando eu era mestre, se tivesse sido atormentado pela equipe de trabalhadores com a qual tenho que trabalhar agora. Outro dia isso foi demais para mim e, esgotada minha paciência, fiz um pequeno apelo a eles com estas palavras:

"Colegas, a Comunidade espera que cada homem cumpra o seu dever. Temos apenas oito horas de trabalho. Vocês são todos velhos socialistas e devem se lembrar da esperança que Bebel tinha de que, quando chegasse a nova ordem das coisas, a atmosfera moral pura estimularia todo homem a superar seu próximo. Apenas reflitam, camaradas, que não trabalhamos mais para capitalistas e saqueadores, mas para a Comunidade. E cada um de nós recebe de volta uma parte de qualquer benefício que a Comunidade colhe como um todo."

"Boa pregação!", disseram eles ironicamente. "É uma pena que não tenhamos mais oportunidade para párocos. Bebel nos prometeu uma jornada de quatro horas, e não de oito horas. A Comunidade é um negócio grande. Devo trabalhar e me escravizar pelos 50 milhões enquanto os outros 49.999.999 pegam leve? O que eu poderia comprar para mim mesmo com essa quinquagésima milionésima parte, fruto de minha diligência adicional, supondo que eu realmente a recuperasse?"

E então todos cantaram em coro:

"Is our Community not to thy taste?
Get thee gone to another with all
possible haste".

"Nossa Comunidade não é do seu agrado?
Vá para outra o mais rápido possível.

Desde então, é claro, eu não disse mais nem uma palavra. Franz teve experiências semelhantes à minha. O jornal em sua oficina quase nunca está pronto para ser impresso na hora certa, embora eles tenham novamente a metade dos tipógrafos que tinham nos velhos tempos. Quanto mais longa a noite, maior a quantidade de cerveja que se bebe durante o trabalho e maior o número de erros de impressão.

Recentemente, o supervisor esteve doente e Franz teve que substituí-lo por um ou dois dias. Franz, em uma ocasião, pediu respeitosamente aos outros que fizessem um pouco menos de barulho e, com isso, todo o corpo puxou a "Marselhesa", tendo o cuidado de enfatizar especialmente as palavras "Abaixo o despotismo".

Ainda há mestres e supervisores nas oficinas como antigamente, com a diferença de que agora eles são escolhidos pelos operários. Quando não são mais aceitos pelos trabalhadores, são depostos. Portanto, eles têm que cuidar para manter boas relações com os líderes de uma loja e com a maioria. Aquelas pessoas que, como Franz e eu, não acompanham totalmente as massas, estão em uma situação bastante ruim. Ora são maltratados pelos mestres, ora pelos companheiros. E o pior de tudo é que você não pode escapar de tal oficina, assim como um soldado não pode escapar da companhia de um sargento-instrutor que o maltrata.

O falecido chanceler previu tudo isso muito bem, mas não conseguiu alterá-lo. A lista de penalidades decretadas sob sua liderança contra todas as infrações ao dever do trabalho pode ser vista em todas as oficinas onde ainda não foi rasgada. Nessa lista, as penalidades são um aviso contra a ociosidade, a desatenção, a desobediência, o descuido, a insolência para com os superiores e uma série de ofensas. Essas penalidades consistem na retirada do certificado de dinheiro, na redução das rações de carne, na privação de toda a refeição do meio-dia e até em prisão. Mas onde não há ninguém para apresentar uma acusação, não há necessidade de um juiz.

Diretores e gerentes são escolhidos da mesma forma que mestres e supervisores, e eles devem cuidar para não irritar aqueles que os elegem.

Nos raros casos em que ocorrem denúncias, os processos judiciais são tediosos e cheios de detalhes. Recentemente, porém, vários construtores foram denunciados por transeuntes, que tiveram a paciência esgotada pelos longos intervalos de descanso feitos e pelo escrutínio cuidadoso aplicado a cada tijolo individual. Em outra ocasião, os internos de um estabelecimento inteiro foram transferidos para outra parte do país. Mas, via de regra, essa transferência para outras partes decorre apenas de razões políticas. É por isso que agora os Younkers estão se esforçando, a fim de obter para todos os trabalhadores a mesma permanência que os juízes desfrutam em seus cargos.

Essa questão da remoção para outros lugares tem seu lado estranho. O princípio da igualdade social exige que todo homem, não importa onde esteja, encontre tudo exatamente como estava no antigo lugar. Ele encontra exatamente o mesmo salário, a mesma comida, a mesma moradia, e assim por diante, como aqueles que ele deixou para trás.

Bem, Roma não foi construída em um dia. E o que é esse espírito de egoísmo, que tanto vemos em nossas oficinas, senão a má herança deixada por um estado de sociedade em que todo homem se esforça para obter vantagem sobre todos os outros homens? Nossas novas escolas e instituições criarão, muito em breve, aquela "atmosfera moral" na qual a árvore do socialismo crescerá e florescerá, e estenderá a bem-vinda sombra de seus galhos a toda a espécie humana.

XVIII
Assuntos de família

DOMINGO FOI UM DOMINGO COMO EU NUNCA TINHA PASSADO ANTES. Minha esposa finalmente conseguiu permissão para visitar a pequena Annie. Parece que a observância da ordem nos Lares para Crianças exige a regulamentação de que os pais só devem ver os filhos no seu devido turno. Como minha esposa imaginou para si mesma o encontro com sua filha! Todos os tipos de bolos, doces e brinquedos foram reunidos para ser levados para ela. Mas, para grande aflição da mãe, ela descobriu que tinha de deixar todas essas coisas para trás, na entrada. Ela ficou sabendo que era proibido a qualquer uma das crianças ter quaisquer brinquedos que não fossem comuns a todos, porque isso não estaria de acordo com sua educação, que ensinava igualdade social absoluta. O mesmo se aplica aos doces. Tais coisas eram muito propensas a dar origem a brigas e aborrecimentos, e a perturbar o curso normal das coisas no Lar.

Minha esposa estava em perfeita ignorância a respeito desses novos regulamentos, pois, há algum tempo, ela se ocupava da cozinha do seu Lar, e não do cuidado das crianças.

Além disso, minha esposa esperava que Annie mostrasse um prazer mais vivo e terno ao se encontrar com sua mãe. Mas, em seu novo ambiente, a criança estava disposta a ser menos confiante do que sempre fora. É verdade que a separação não foi longa, mas, em se tratando de crianças pequenas, há muita verdade nas palavras: "Longe dos olhos, longe do coração". Por outro lado, na mente de Annie, a ideia de ver a mãe estava constantemente associada com a expectativa de doces e brinquedos. Mas agora ela viu a mãe chegar com as mãos vazias. Como toda criança, ela logo quis uma mudança de novo e, rapidamente, livrou-se dos braços de sua mãe para se juntar às outras crianças nas brincadeiras.

Minha esposa achou Annie um tanto pálida e mudada. É provável que isso se deva ao modo de vida diferente e ao tipo diferente de alimentação. Naturalmente, a ordem mais rigorosa é mantida no Lar. Mas (e a mesma intenção permeia todas as nossas instituições) não há alimentos supérfluos, e a grande escala do empreendimento não admite nenhum mimo de crianças individuais. A aparência das crianças varia tão rapidamente e, se Annie estivesse em casa conosco, sua aparência dificilmente incomodaria a mãe experiente. Mas, é claro, é uma coisa completamente diferente por estarem separadas, e a mãe agora imagina consigo a aproximação de alguma doença contra a qual ela se vê impotente para lutar.

Uma conversa que minha esposa teve com uma das professoras do jardim de infância do Lar deixou-a bastante agitada. Minha esposa lamentava a separação de crianças pequenas de seus pais, quando essa pessoa interrompeu sua reclamação com esta observação abrupta:

"Oh, nós ouvimos essas queixas tristes aqui diariamente. Mesmo os animais, desprovidos de razão, logo superam isso quando seus filhotes são levados embora. Com muito mais facilidade, as mulheres devem se reconciliar com isso, mulheres que são consideradas seres pensantes."

Minha esposa queria reclamar com o governador sobre a insensibilidade dessa mulher, mas eu a aconselhei a não fazer isso, porque a mulher com certeza se vingaria de Annie. Ela não sabe o que é ser mãe. Nem sequer consegue um marido; embora, como fui convincentemente informado, não seja por falta de, por diversas vezes, ter feito uso da igualdade agora desfrutada pelas mulheres, e de serem elas quem propõem o casamento.

Antes que minha esposa voltasse da longa jornada ao Lar das Crianças, o vovô chegou. Foi com dificuldade que o velho senhor conseguiu subir a escada íngreme e escura até nossa nova casa. Fiquei muito grato por minha esposa não estar presente, porque as queixas de seu pai só fariam seu coração pesar ainda mais.

Para dizer a verdade, eram assuntos triviais e externos, dos quais ele tinha que reclamar. Mas os idosos têm essa fraqueza de apegarem-se a velhos hábitos e pequenos modos, e, na manutenção das casas, todas essas pequenas coisas são, com alguma crueldade, quebradas e varridas. Vovô também imagina que sua saúde não está tão boa quanto costumava estar. Agora ele tem uma dor aqui, daqui a pouco ele sente uma sensação de pinçamento ou formigamento ali, e, muitas vezes, fica indisposto. Externamente, não vi nenhuma diferença nele, mas o fato é que vovô agora tem muito mais tempo para pensar em si mesmo do que tinha em nosso círculo familiar, onde sempre havia algo para interessá-lo e distrair sua atenção. Ele costumava trabalhar bastante na oficina comigo, e ali tentava se tornar útil. O que ele fazia não tinha grande importância, mas isso o ocupava. Não fazer coisa alguma não é nada bom para os idosos, ao passo que qualquer pequeno trabalho, por mais leve que seja, conserva o interesse deles pela vida, os mantém ligados ao presente e os preserva da súbita decadência corporal e mental.

O pobre velho sentiu-se bastante estranho em nosso pequeno e novo lugar, e ficou muito comovido com a ausência da maioria dos móveis antigos. Eu não podia deixá-lo voltar sozinho, então fui com ele.

Infelizmente, enquanto eu estava fora, e antes que minha esposa voltasse, aconteceu de Ernst vir nos fazer uma visita. É claro que encontrou a porta trancada, mas contou ao filho de um vizinho, um velho companheiro de brincadeiras dele, que uma saudade invencível de casa o fizera usar sua hora livre correndo para ver os pais. Ele não consegue se acostumar de forma alguma com sua instituição. A eterna leitura, escrita e aprendizado de cor — em suma, todo o negócio de estudo não tem nada a ver com ele. Seu desejo é ser colocado em algum ofício e apenas aprender o que quer que se refira a isso. E não tenho dúvidas de que ele é um bom artesão. Mas nosso ministro da Instrução é da mesma opinião de Bebel, a de que todas as pessoas nascem com aproximadamente a mesma quantidade de inteligência e que, portanto, todas devem ser iguais, até os 18 anos (quando começa a educação técnica), e ter formação idêntica, como uma preparação necessária para a igualdade social do decorrer de suas vidas.

XIX

As recreações do povo

CONCERTOS AO AR LIVRE SÃO CONTINUAMENTE REALIZADOS NAS várias praças públicas de Berlim. O novo chanceler está no caminho certo em seu trabalho para se tornar popular. Em todos os teatros, há duas apresentações durante a semana e três aos domingos, todas gratuitas. Naturalmente, os teatros que nossa ocupada e diligente Comunidade herdou da burguesia mostraram-se muito inadequados em número e tamanho. Portanto, foi considerado necessário complementá-los com a adição de vários outros grandes edifícios. Entre eles, muitas das igrejas estão agora destinadas a esse fim. Quanto a essas últimas, ainda estão aqui e ali pessoas que mostram algum escrúpulo, e que, de algum modo, parecem não conseguir se desvencilhar de velhas e arraigadas superstições. Mas está perfeitamente claro que as igrejas se tornaram propriedade comum; e está igualmente claro, a partir das disposições da lei formulada na Conferência de Erfurt de outubro de 1891, e posteriormente adotada, que nenhuma propriedade comum pode ser dedicada a propósitos eclesiásticos ou religiosos.

Naturalmente, nenhuma outra peça é apresentada nos teatros além daquelas que representam as glórias da nova ordem e que mantêm a sordidez dos antigos capitalistas e saqueadores em viva lembrança. Por um tempo considerável, devo confessar, já se vê um elemento de monotonia nisso. Mas, de qualquer forma, mostra a correção de nossos princípios, e isso, às vezes, é muito necessário.

A princípio, todos tinham a liberdade de ir a qualquer teatro, onde e como quisessem. Mas essa competição sem sentido está agora superada por uma organização bem-elaborada da recreação do povo. Verificou-se que as representações de peças clássicas e socialistas estavam sendo feitas para fileiras de assentos vazios, enquanto em locais em que artistas especiais estavam envolvidos, os espectadores amontoavam-se como sardinhas. Eles praticamente costumavam brigar pelos melhores lugares. Agora tudo é diferente, e a Câmara Municipal distribui as peças a serem representadas, de modo rotativo, aos vários responsáveis pelos teatros. Os vários gerentes distribuem para os espectadores, por sorteio, os assentos que lhes foram atribuídos para aquela noite e peça em particular, seguindo assim o plano introduzido em 1889 no Teatro Popular e Gratuito socialista.

Há um ditado que diz: "Azar no jogo, sorte no amor". E nós experimentamos a verdade que há nisso. Por sorte, por meio desse sistema de loteria, foram atribuídos a minha esposa e a mim ultimamente, em três ocasiões sucessivas, lugares tão ruins que ela não conseguia ouvir nada, e eu achei impossível ver qualquer coisa. Ela tem problemas de audição, e eu sou muito míope. Nenhuma dessas qualidades está em perfeita harmonia com a ideia de igualdade social ilustrada pelo teatro.

A dança é outra das diversões organizadas todas as noites pelas autoridades da cidade. A entrada segue o mesmo princípio dos teatros, e jovens e idosos têm o mesmo direito de comparecer. A reforma da etiqueta da dança, a princípio, parecia apresentar poucas dificuldades do ponto de vista socialista. Essa reforma foi, no entanto, realizada, e a igualdade das damas agora é afirmada, de modo que a escolha dos parceiros feita pelas damas alterna regularmente com a escolha feita pelos cavalheiros. Bebel diz, na verdade, que as mulheres têm o mesmo direito de buscar que os homens têm de procurá-las. Mas a tentativa de aplicar esse princípio à dança, deixando opcional a cada sexo, em cada dança, solicitar parceiros, logo foi abandonada, pois descobriu-se que a ordem das danças corria o risco de se envolver em um emaranhado inextricável.

Várias cartas interessantes apareceram no *Onward*, as quais discutem, de maneira muito exaustiva e sutil, a seguinte questão: se, em uma comunidade socializada, na dança, tal coisa é concebível como um "direito" de certas mulheres aos homens; ou vice-versa, um direito dos homens às mulheres? A igual obrigação de trabalhar, como uma senhora aponta no *Onward*, claramente dá a todos o direito de desfrutar da mesma recompensa. Uma parte dessa recompensa é encontrada na participação das danças que foram organizadas pelo Estado. Nenhuma dama poderia encontrar prazer na dança sem um parceiro do outro sexo, embora seja ainda mais evidente que nenhum cavalheiro dançaria sem uma dama.

Para essa senhora, a solução prática referente à tal dificuldade, que foi sugerida no *Onward*, é a de que, para o futuro, todos os parceiros de dança, independentemente da idade, beleza, feiura e tudo mais, sejam escolhidos por sorteio. Ela afirma que, precisamente por se tratar de uma comunidade socializada, em que não há pessoas sem trabalho e sem abrigo, da mesma forma jamais deve haver qualquer dama em um baile sem seu devido parceiro.

Mas um professor de direito natural moderno enviou uma carta ao jornal expressando o medo de que, com o passar do tempo, esse método de organizar a seleção de parceiros na dança possa ter resultados imprevistos e desagradáveis. Ele teme que, com o tempo, isso possa levar a uma demanda pelo reconhecimento de um direito ao casamento, a uma demanda de que o Estado tome a regulamentação do casamento em suas próprias mãos, por meio de uma gigantesca rifa universal de homens e mulheres. Com vigor, ele defende a opinião de que, justamente porque um vínculo matrimonial é um contrato estritamente privado, feito sem a intervenção de qualquer funcionário, uma união temporária entre uma dama e um cavalheiro na dança, da mesma forma, deve preservar o caráter de um contrato privado; e ele desaprova a ideia de qualquer mestre de cerimônias se intrometer, seja por sorteio ou qualquer outra forma, em tais compromissos.

Na verdade, porém, entendo que um grande número de senhoras considera que uma igualdade social consistente exige a abolição das diferenças entre casados e solteiros. Essas senhoras juntaram-se recentemente ao partido dos Younkers, embora, na realidade, elas próprias estejam, em sua maioria, em uma idade um tanto madura. De qualquer forma, a extensão do direito de voto às mulheres pode contribuir materialmente para fortalecer a oposição nas eleições que se aproximam.

Os preparativos para uma rápida eleição geral estão sendo feitos. O grande número de convocações feitas quando dos preparativos para o novo Estado socialista, mediante o tempo e a atenção do governo, não permitiram que as eleições ocorressem em data anterior. Têm o direito de voto todas as pessoas de ambos os sexos que tenham passado do vigésimo ano. O sistema de eleição adotado é o chamado sistema de eleição proporcional, que foi empregado pela Conferência de Erfurt em outubro de 1891. De acordo com esse sistema, grandes divisões eleitorais, com vários candidatos, são constituídas, e cada partido político reelege ao Parlamento um número de representantes proporcional aos votos registrados para aquele partido em particular.

Experiências desagradáveis

MINHA ESPOSA E AGNES FICAM ACORDADAS ATÉ TARDE DA NOITE, ocupadas, em segredo, com suas costuras. O trabalho em curso é um vestido novo para Agnes.

Como inspetor, devo, por direito, denunciar as duas às autoridades competentes por excesso de produção e por ultrapassarem as horas máximas de trabalho. Felizmente, porém, elas não estão entre as cinquenta pessoas que formam a seção que é minha responsabilidade controlar.

As duas ficam ainda mais falantes do que de costume quando se dedicam a esse trabalho de costura. Pelo que pude perceber, elas não conseguiram encontrar o que desejavam em nenhum dos depósitos e, portanto, estão alterando e adaptando algumas outras roupas de acordo com sua imaginação. Elas competem entre si e zombam dos novos depósitos do Estado. Vitrines, anúncios e publicidade, envio de listas de preços; todo esse tipo de coisa, ao que parece, cessou completamente. Há um fim, elas se queixam, a toda conversa sobre as novidades e também a todas as fofocas sobre preços. Os vendedores nomeados pelo Estado têm tão poucos modos quanto os funcionários das ferrovias do Estado sempre tiveram. Toda competição entre as lojas naturalmente cessou, e, para qualquer determinado artigo, você tem que ir a um determinado depósito, e a nenhum outro. Essa é uma necessidade da organização da produção e do consumo.

Naturalmente, é uma questão da mais perfeita indiferença para o vendedor se você compra alguma coisa ou não. Alguns desses vendedores franzem a testa assim que a porta da loja é aberta e precisam abandonar a leitura de algum livro emocionante ou interromper alguma outra ocupação agradável. Quanto maior a variedade de produtos que você deseja ver, e quanto mais perguntas você faz sobre sua fabricação e durabilidade, maior se torna a ira do vendedor. Em vez de buscar qualquer artigo de outra seção do depósito, ele lhe diz imediatamente que não o tem em estoque.

Se você deseja comprar roupas prontas (a esse respeito, devo observar que toda confecção privada e afins, em casa, fora do horário máximo de oito horas por dia, é proibida), as perspectivas geralmente são muito ruins. A prova lembra o vestir-se de recrutas em quartéis, o alfaiate sendo prolixo em suas garantias de que o número que corresponde à sua medida deve, necessariamente, caber bem em você. Se qualquer peça de roupa feita sob encomenda se mostra justa aqui, ou folgada ali, é preciso toda a eloquência de que você é mestre para convencer o alfaiate de que a peça realmente está assim. Se você não conseguir convencê-lo, terá que aceitar o artigo como está e tirar o melhor proveito dele ou lutar contra o Estado em uma ação judicial.

Buscar o judiciário agora é muito barato. Conforme resolvido na Conferência de Erfurt em outubro de 1891, toda a justiça agora é gratuita. Como resultado necessário disso, o número de juízes e advogados teve que aumentar dez vezes. Mas mesmo esse grande acréscimo está longe de ser suficiente para as exigências, uma vez que as ações movidas contra o Estado pela baixa qualidade dos bens que fornece, pela condição miserável das habitações, pela má qualidade dos alimentos, pela brusquidão e grosseria de seus vendedores e outros oficiais são como a areia na praia.

Com as limitações causadas pelas oito horas prescritas, os tribunais consideram absolutamente impossível julgar os casos previstos no calendário. Não que advogados possam ser censurados por qualquer desejo de prolongar indevidamente os processos. Longe de ser esse o caso, há queixas de que, desde a abolição de todas as taxas e desde a sua nomeação como funcionários do Estado, os advogados quase não ouvem o que seus clientes têm a dizer. Parece haver uma tendência muito grande para resolver todas as diferenças sumariamente e em lotes. Assim, muitas pessoas que não encontram um entusiasmo aprazível no simples fato de recorrer à justiça, preferem, apesar da gratuidade da lei, suportar qualquer injustiça a se sujeitar a toda correria, perda de tempo e incômodo de entrar com uma ação.

É muito triste notar que a desonestidade está aumentando, apesar de o ouro e a prata terem desaparecido completamente. Meu trabalho como inspetor me permite descobrir muitos segredos de bastidores que antes eu desconhecia. O número de fraudes agora é sete vezes maior do que antes. Funcionários de todos os graus dispõem de bens pertencentes ao Estado em consideração a algum favor privado ou serviço prestado a eles pessoalmente; ou então negligenciam, no devido desempenho de seus deveres como vendedores, a retirada de um cupom no valor correto dos certificados de dinheiro dos compradores, em troca das mercadorias fornecidas. Para compensar qualquer deficiência que a falta de cupons traria, recorre-se então à falta de peso e medida, adulteração de mercadorias, e assim por diante.

Furtos de certificados de dinheiro também são frequentes. As fotografias que os acompanham não se revelaram, na prática, uma salvaguarda suficiente contra a utilização dos certificados por outras pessoas. As promessas e presentes de todos os tipos concedidos a pessoas em altas posições, que têm um serviço bom e fácil para oferecer, ou que, de outra forma, possuem influência, constituem um mal que se estende até as esferas mais altas. Nunca realizamos uma conferência com nosso inspetor-chefe sem que nossa atenção seja chamada para algum novo esquema ou truque em referência a esses assuntos.

Até aqui eu sempre me consolei com a certeza de que as coisas melhorariam assim que sobrevivêssemos ao período de transição; mas agora mal posso esconder de mim mesmo o fato de que elas pioram rapidamente. Um dos meus colegas tentou explicar a causa disso hoje. Sua explicação é a de que, uma vez que as pessoas encontram a total impossibilidade de melhorar, por esforço honesto e de maneira legítima, aquela posição de igualdade que foi prescrita para todas as pessoas, todo o seu esforço agora é direcionado para obter, de um modo desonesto, aquilo que não é alcançável de outra forma.

XXI

Fuga

ACABAMOS DE PASSAR POR DIAS TERRÍVEIS. NA MANHÃ DE DOMINGO, Franz chegou aqui inesperadamente a caminho de Stettin, cidade para a qual, ao que parece, ele foi transferido. Minha esposa não pareceu nem um pouco surpresa com a chegada dele, mas ficou muito emocionada com o fato de ele partir novamente. Ela soluçava alto, pendurada em seu pescoço, e parecia totalmente incapaz de suportar a separação de seu filho. Franz também se separou de mim, como se fosse uma questão de nunca mais nos vermos. Agnes não estava por perto na hora, mas ouvi dizer que eles pretendiam se encontrar na estação ferroviária.

Na quarta-feira, aconteceu de eu ler para minha esposa algumas informações no *Onward*; diziam que, mais uma vez, vários emigrantes, tentando escapar da perseguição dos guardas de fronteira, foram abatidos por esses últimos. Ela ficou muito agitada com a notícia e, quando eu disse, em resposta à sua pergunta, que isso havia acontecido na enseada de Sassnitz, ela desmaiou. Levei um tempo considerável para trazê-la de volta à consciência. Logo ela me contou em frases entrecortadas que Franz e Agnes haviam partido juntos no domingo, não para Stettin, como eu supunha, mas para Sassnitz, com a intenção de deixar a Alemanha de uma vez por todas. Pelo relato do jornal, parece que, após a chegada do navio postal dinamarquês de Stettin, os guardas da fronteira imediatamente embarcaram no navio e tentaram arrastar de volta, à força, os emigrantes fugitivos. Os emigrantes ofereceram resistência e houve um enfrentamento sanguinário.

Passamos por horas de ansiedade antes de que nossos medos se acalmassem um pouco com o aparecimento de um novo número do *Onward*, com uma lista de mortos e presos. Franz e Agnes não estavam em nenhuma das listas, mas o que pode ter acontecido com eles?

Minha esposa então me contou a história da determinação dos jovens de fugir do país. Parece que Franz havia, algum tempo antes, confidenciado a ela sua firme determinação de deixar a Alemanha o mais rápido possível, pois achava a situação insuportável. Temendo que meu conhecido respeito pela lei pudesse me levar a opor-me a suas intenções, ele implorou veementemente à mãe que não dissesse uma sílaba de seus planos para mim. Todos os seus esforços para levá-lo a desistir da ideia foram inúteis. Vendo que sua determinação era inalterável, a boa mãe não conseguiu mais encontrar uma forma para se opor a ela. Nos velhos tempos, algo que eu desconhecia completamente, minha esposa havia guardado várias moedas de ouro, e essas ela deu a Franz para usar como dinheiro de passagem em um navio estrangeiro.

De início, Agnes se opôs ao plano. Ela estava pronta, disse, para seguir Franz até o fim do mundo se necessário; mas não conseguia ver no momento, acrescentou, que necessidade havia para eles deixarem tudo o que lhes era caro. Mas, em pouco tempo, suas próprias circunstâncias tornaram-se tão desagradáveis que ela mudou de opinião. Tudo isso eu acabei de ficar sabendo.

Antigamente, na quietude e pureza do lar materno, a jovem donzela exercia seu ofício de chapeleira, vendendo grande parte de suas mercadorias para uma casa. Agora ela se via obrigada a trabalhar em um grande estabelecimento de costura e a passar o dia inteiro com várias mulheres e meninas, muitas das quais tinham hábitos e princípios que sequer passavam por sua cabeça. Sua casta virgindade costumava ficar chocada com boa parte das conversas e com a familiaridade entre as moças e os gerentes masculinos. As diversas queixas que ela fazia acabavam apenas tornando sua posição ainda mais desagradável. Seus atrativos pessoais logo atraíram também para ela uma quantidade de atenção ofensiva de um dos gerentes principais. Uma repulsa abrupta por parte de Agnes apenas a sujeitou a esses pequenos aborrecimentos e importunações em seu trabalho, contra os quais uma natureza mesquinha busca sua vingança.

Não tenho dúvidas de que havia muito desse tipo de coisa sob o antigo sistema. Mas, pelo menos, havia esta vantagem: a de que as pessoas podiam fazer uma mudança se algo não lhes convinha. Hoje em dia, porém, muitos dos gerentes parecem considerar suas trabalhadoras pouco melhores do que escravas indefesas, que são entregues a eles. Muitos dos funcionários mais graduados claramente veem tudo isso, mas, como eles próprios agem de maneira nada diferente em relação ao abuso de poder, são muito indulgentes com relação a todas as reclamações feitas a eles. Sob tais circunstâncias, os parentes próximos, ou namorados de donzelas cuja honra é dessa forma ameaçada, muitas vezes não têm outro recurso senão fazer justiça com as próprias mãos. O resultado desse estado das coisas é que os casos de castigo pessoal, homicídio culposo e até assassinato estão aumentando assustadoramente.

Agnes, a quem só resta a mãe, não tinha protetor em Berlim. Suas cartas de reclamação para Franz, em Leipzig, levaram-no ao desespero e amadureceram sua determinação de não adiar mais a execução de seus planos. Agnes concordou entusiasticamente com suas opiniões e, nos últimos tempos, ela e minha esposa ficaram acordadas metade das noites para preparar as coisas para a viagem.

Finalmente chegou o domingo decisivo, aquele domingo que nos deu tanta ansiedade e dolorosa incerteza. O suspense era terrível, mas, por fim, ao cabo de quase uma semana, a chegada de uma carta da costa inglesa pôs fim aos nossos temores.

De acordo com essa carta, felizmente a dupla não estava a bordo do navio postal dinamarquês. O pescador de Sassnitz, para cuja casa eles foram quando chegaram, é um parente distante de minha esposa. A carta prossegue dizendo que os habitantes da costa ao redor estão muito indignados com a nova ordem das coisas, porque, devido a ela, eles têm sido em grande parte privados da vida confortável que tinham com os visitantes dos diferentes locais de banho. A permissão para ir a balneários e estâncias hidrominerais é agora concedida apenas a pessoas que apresentam a devida recomendação por parte de uma comissão médica adequadamente constituída.

Nosso cauteloso pescador se opôs de modo veemente a qualquer ideia de pegar uma passagem em um dos navios postais, porque ultimamente um vigia atento era mantido neles. Aproveitando a oportunidade e valendo-se da atenção das autoridades absortas no caso do navio dinamarquês, ele colocou Franz e Agnes a bordo de seu barco de pesca e partiu para o mar aberto. Ele os levou até Stubbenkammer Point, onde encontrou um navio de carga inglês que voltava de Stettin, cujo capitão prontamente transferiu os fugitivos para sua embarcação. Os ingleses, cujo comércio foi seriamente afetado pela nova ordem das coisas, nunca perdem uma oportunidade de esbofetear nosso governo socialista, prestando toda a ajuda possível a pessoas que desejam deixar o país.

Assim, em pouco tempo, Franz e Agnes chegaram devidamente à Inglaterra e agora já estão a caminho de Nova York.

Pobres crianças! Quanta provação eles devem ter passado! E minha boa esposa, acima de tudo; minha esposa que manteve todos os seus cuidados e problemas por tanto tempo trancados em seu seio, totalmente desconhecidos para mim! Como poderei recompensá-la por todos os imensos sacrifícios que ela fez como mãe?

XXII

Outro novo chanceler

O DESCONTENTAMENTO NO PAÍS ATINGIU AGORA SEU PONTO CULMI-nante, uma vez que passou a ser de conhecimento geral que todos os concertos, teatros e outros divertimentos em Berlim são gratuitos. Os habitantes de cada pedacinho insignificante de lugar exigem que o erário nacional lhes proporcione as mesmas diversões que temos aqui; e baseiam sua reivindicação na reconhecida igualdade social e no direito de todos de desfrutarem de recompensa idêntica pelos mesmos trabalhos. Eles dizem que, mesmo nas melhores circunstâncias, ainda estão em grande desvantagem, pois nem todas as aldeias podem ter iluminação a gás ou elétrica, aquecimento por canos de ar quente e coisas do gênero.

O *Onward* tentou acalmar os sentimentos das pessoas no campo com referências graciosas e apropriadas às vantagens da vida no campo, comentários idílicos sobre o prazer da natureza e o doce frescor do ar. Isso foi visto como uma ironia, e eles queriam saber que prazer da natureza havia durante as chuvas fortes ou nas longas noites de inverno.

"Que ar fresco pegamos nas pequenas cabanas apertadas no campo ou nos estábulos e navios?"

Consequentemente, eles se queixavam em cartas ao jornal.

Foi-lhes dito que nunca havia sido diferente. Eles admitiam a verdade disso, mas depois passaram a dizer que antigamente todos que não se importavam em permanecer no campo tinham a liberdade de se mudar para uma cidade. Agora, porém, era muito diferente, e o camponês estava amarrado ao seu torrão de terra até que as autoridades quisessem dispor dele de outra forma. E, nessas circunstâncias, eles devem esperar que o Estado lhes proporcione exatamente as mesmas diversões que há nas grandes cidades. Eles apenas pediram direitos iguais para todos, e nada mais.

O chanceler não tinha a menor ideia sobre o que fazer. O sábio governo de um povo inquestionavelmente tem assuntos mais complicados do que limpar as botas e escovar as roupas. Esse esquema de planejar divertimentos para o povo fora a única coisa que ele havia realizado. Mas nem com a maior boa vontade do mundo ele poderia ter uma banda de música, um circo e uma companhia de especialistas em cada cruzamento de rua. Refletindo sobre esse assunto, ocorreu-lhe o feliz pensamento de, aos domingos, transferir algumas centenas de milhares de berlinenses para as diversões do campo, e trazer um número correspondente de pessoas do campo para as atrações da cidade. Mas infelizmente para essa igualdade social o clima se mostrou muito desigual. Em tempos chuvosos, o povo de Berlim não demonstrava grande interesse por excursões úmidas ao campo. Mas a gente do campo, que havia chegado em grande número, naturalmente esperava por aqueles assentos nos vários locais de diversão dos quais os berlinenses não queriam abrir mão.

Após o chanceler conseguir, dessa forma, colocar os habitantes da cidade e do campo em completo desacordo uns com os outros, sua aposentadoria foi considerada conveniente, a fim de que o sentimento contra ele não prejudicasse de forma indevida as próximas eleições gerais. Em Berlim, como é de se esperar, é universal o desgosto pela paralisação de todas as recreações gratuitas. Daí em diante, lugares em teatros e entretenimentos similares só podem ser adquiridos mediante pagamento com os cupons dos certificados de dinheiro.

O secretário do Tesouro foi nomeado sucessor do chanceler. Ele é conhecido como um homem que vai direto ao ponto, independentemente de todas as considerações, e também tem fama de ser um bom financista. Essa última qualidade será ainda mais bem-vinda, pois há péssimos rumores de todos os tipos no exterior a respeito da desproporção que existe entre receitas e despesas nas finanças da Comunidade socializada.

XXIII

Complicações estrangeiras

TODA A MARINHA DEIXADA PELO FALECIDO GOVERNO DEVE SER preparada para o serviço com o máximo possível de rapidez. Além disso, o Exército permanente, que já havia aumentado para 500 mil homens, com o objetivo de melhor manter a ordem em casa e garantir uma boa vigilância nas fronteiras, foi ainda mais reforçado. Essas estão entre as primeiras medidas tomadas pelo novo chanceler a fim de evitar perigos que nos ameaçam do exterior.

No discurso que o ministro das Relações Exteriores fez perante o Comitê de Governo, e no qual especificou as medidas acima, ele chama a atenção para a necessidade delas enquanto consequência do crescimento deplorável de atritos, complicações e dissensões com potências estrangeiras. Mas é preciso entender claramente que o ministro das Relações Exteriores não foi, de modo algum, responsável por esse infeliz estado das coisas. Na Comunidade socializada, cabia a esse ministro organizar com as potências estrangeiras a troca de todos os bens entre os Estados. Resultou desse arranjo o fato de que todas as reclamações relativas à inferioridade das mercadorias, ou impontualidade em fornecê-las, deveriam ser atendidas na forma de notas diplomáticas. Toda aquela tensão que, às vezes, resultava do rompimento de relações comerciais, dos ciúmes da concorrência ou de causas comerciais semelhantes, e que antes afetava apenas os círculos mercantis, foi agora transferida para as relações diretas que uma nação tinha com a outra. Essa é a natureza dos novos acordos.

O ministro continuou dizendo que se esperava que a consciência quase universal de se ter adotado princípios corretos e o sentimento de irmandade de todas as nações desempenhariam um papel diferente do que se verificou na prática real, atenuando diferenças e trazendo a paz universal. Ele disse que não deveria surpreender que os ingleses, aquela raça egoísta de Manchester, e seus primos americanos, não tivessem nada a ver com o socialismo. Eles jamais conseguiram superar o fato de que o continente europeu socialista, pelo repúdio a todos os títulos estatais, ações, e assim por diante, havia se livrado de todas as dívidas servis para com ingleses detentores de títulos continentais. Mas mesmo esses inveterados amantes do dinheiro devem ver que a Alemanha perdeu mais incontáveis milhões pelo repúdio do que ganhou. Isso era evidente, visto que todos os títulos russos, austríacos, italianos, entre outros, nas mãos dos alemães também haviam sido repudiados pelos governos socialistas desses países.

Esses governos socialistas não nos agradecem nem um pouco por termos aceitado, em nossa elevada consciência do valor internacional do socialismo, sem um murmúrio sequer, a abolição de todas as reivindicações de juros sobre os títulos estrangeiros que estavam em nosso poder. Vários desses governos tornaram-se tão egoístas ultimamente, e mostram uma tal falta de consideração por nós, que chegam ao ponto de se recusarem a nos deixar ter quaisquer bens, exceto contra dinheiro adiantado ou um valor equivalente em outros bens que eles possam exigir. O pagamento em dinheiro não representava uma dificuldade para nosso governo, desde que restassem quaisquer estoques de ouro e prata cunhados e não cunhados, os quais se tornaram inúteis para nós. Mas uma vez que gradualmente chegamos ao fim de nosso estoque de metais nobres, estamos constantemente encontrando todos os tipos de obstáculos no caminho da troca de nossos produtos por mercadorias de outros países das quais precisamos, como milho, madeira, linho, algodão, lã, petróleo, café etc. Essas obstruções não se limitam aos cavalheiros esnobes da Inglaterra e da América, mas são igualmente numerosas por parte das nações socialistas vizinhas. Nossas exigências dos artigos que acabamos de mencionar não diminuíram em praticamente nada sob nossa forma socialista de governo. Muito pelo contrário. Mas os Estados vizinhos, com opiniões semelhantes às nossas, dizem-nos que desde a introdução da forma socialista de governo não encontraram nenhuma demanda por mercadorias alemãs, como veludos, xales, fitas, mantos, bordados, luvas, pianos, vidro e artefatos semelhantes. Eles dizem que, desde a restauração do preciso equilíbrio da igualdade social, eles mesmos produzem mais desses bens do que há demanda por eles.

Os ingleses e americanos, em sua inimizade para com o socialismo, estão constantemente incutindo em nós que nossas manufaturas, desde ferragens e produtos têxteis até meias e brinquedos, se deterioraram tanto sob o novo sistema de manufatura, que eles não podem mais nos pagar os preços antigos; e dizem que, a menos que ocorra uma melhoria, terão de procurar outras fontes de abastecimento. Mesmo assim, com o aumento do custo de produção, não podemos fazer nosso comércio compensar. Todas as tentativas de estabelecer uma jornada máxima de trabalho internacional falharam, pois os vários governos socialistas permitem que interesses particulares os influenciem, e fingem que, nessa questão, devem ser guiados por características especiais como clima, caráter nacional e outras.

O que nosso governo deve fazer diante desse dilema? De nossa parte, o fato de não precisarmos mais de seda nem de vinhos caros do exterior é apenas uma ínfima compensação pela perda de nosso comércio de exportação, no valor de muitos milhões. Não surpreende que a troca de notas diplomáticas compartilhe diariamente de um caráter cada vez mais irritante. Tanto no Ocidente quanto no Oriente já surgiram indícios de que a coisa certa a se fazer pela Alemanha, visto que parece incapaz de manter sua população, seria ceder fatias do país aos Estados vizinhos. Ou melhor, a respeito dessa questão é até mesmo debatido se não seria aconselhável, como medida de precaução, penhorar essas terras fronteiriças como garantia da conta que a Alemanha havia cobrado pelos bens fornecidos a ela.

Os estrangeiros detentores de títulos alemães que se sentem prejudicados por nosso repúdio aproveitam todas as oportunidades para indenizar a si próprios, impondo um embargo às embarcações e mercadorias alemãs. Por outro lado, a assistência prestada por navios estrangeiros a fugitivos de nosso país é uma causa permanente de protestos inflamados.

Em suma, a esperança de que o advento do socialismo em todos os lugares fosse sinônimo do reino da paz eterna entre as nações estava tão longe de se concretizar que o exato oposto ameaçava. O ministro concluiu seu discurso dizendo que o Comitê de Governo dificilmente deixaria de ver a necessidade de a Marinha ser novamente preparada para o serviço; e, sem dúvida, também sancionaria o aumento do Exército para 1 milhão de homens.

XXIV

A agitação eleitoral

A ELEIÇÃO GERAL FINALMENTE VAI ACONTECER, E O DIA DA VOTAÇÃO está marcado para o próximo domingo. Essa escolha de um dia de descanso e lazer merece o maior elogio, pois, hoje em dia, cem vezes mais questões dependem do resultado de uma eleição do que antigamente. As leis são tudo num Estado socialista; a lei tem que prescrever a cada indivíduo isolado quanto tempo ele deve trabalhar, quanto ele tem para comer e beber, como ele deve se vestir, se alojar e tudo mais.

Isso já está bem claro nas falas aos eleitores e nos gritos eleitorais. O número de partidos que defendem interesses particulares é legião.* Muitos dos discursos dos candidatos estão repletos de propostas para a reforma das tarifas diárias, para o aumento das rações de carne, para uma cerveja melhor, um café mais forte (desde as complicações com várias potências estrangeiras, quase nunca conseguimos café que não seja feito exclusivamente de chicória), para casas mais finas, melhores aparelhos de aquecimento, iluminação mais esplêndida, roupas mais baratas, roupa de baixo mais branca, etc., etc.

Muitas mulheres estão extremamente indignadas com a rejeição de sua exigência de que metade dos representantes nas várias divisões seja do seu sexo. O motivo dessa rejeição foi que a demanda era um esforço reacionário para dividir os interesses de toda a Comunidade em interesses separados. As mulheres, porém, por

* Aqui há uma alusão a uma passagem bíblica encontrada em Marcos 5: 19. A expressão "é Legião" é a resposta que Jesus recebeu ao perguntar a um homem possesso qual o nome do espírito que havia se apossado dele. Na verdade, a resposta completa é "'Meu nome é Legião', respondeu ele, 'porque somos muitos'". (N.T.)

sua vez, temem que ao tentarem sua sorte com os homens, e existindo divergências comuns a ambos, muitos de seus eleitores acabem por passar para o lado dos homens. Elas temem que o resultado disso, juntamente com o fato de que o apoio de homens a mulheres candidatas não é de todo confiável, será o de que elas conseguirão levar apenas um número limitado de candidatos.

Um grande número de mulheres, independentemente da idade, havia se juntado agora aos Younkers, e esse partido, o melhor para tornar a nova aliança permanente, inscreveu em sua bandeira o direito de todas as mulheres ao casamento. Esses políticos apelam agora constantemente para o livro de Bebel sobre a mulher, e eles querem fazer de conta que são os verdadeiros e genuínos bebelitas. O programa deles é: um dia de trabalho de quatro horas no máximo; quatro semanas de férias por ano para todos, com estadia à beira-mar ou no campo; a reintrodução de diversões gratuitas; mudança semanal do tipo de trabalho a ser realizado; e, por último, a duração mensal de todas as nomeações para altos cargos e cargos de Estado (incluindo o de chanceler), sendo todas essas nomeações rotativas entre todas as pessoas do Estado, sem distinção. O partido do governo mostra uma confiança considerável, embora, na realidade, o programa que lançou não ultrapasse o lugar-comum; mas conclama todos os outros partidos, como verdadeiros patriotas, a esquecer suas diferenças e a se unir e formar um grande Partido da Ordem, em oposição ao partido da negação e da demolição, que crescia furtivamente e que, sob o sedutor nome de Partido da Liberdade, procurava cair nas boas graças da nação. Esse pretenso partido da liberdade exige o novo reconhecimento do direito dos pais de educar os filhos, a abolição das cozinhas estatais, a livre escolha de ofícios e profissões, toda a liberdade de se movimentar como bem se entender e uma melhor recompensa para os tipos mais elevados de trabalho. Agora está bastante claro que a concessão de reivindicações como essas devem necessariamente perturbar toda a igualdade e ser eminentemente calculada para minar os próprios fundamentos do socialismo. Os candidatos do partido do governo assinalam, com muita propriedade, em seus discursos aos constituintes que a concessão de tais exigências abriria inevitavelmente a porta à devolução dos bens pessoais, à doutrina da herança, à soberania das riquezas e ao sistema de pilhagem de outros tempos.

Mas, afinal de contas, o nível de empolgação demonstrado na presente eleição é estranhamente desproporcional ao número e à multiplicidade dos gritos eleitorais. Antigamente, as pessoas se interessavam muito mais por uma eleição. Agora, as pessoas podem dizer o que pensam. Seguindo as resoluções aprovadas na Conferência de Erfurt, em outubro de 1891, todas as leis que tendiam a limitar a liberdade de expressão e o direito de associação foram revogadas; mas qual é a vantagem de uma imprensa livre enquanto o governo estiver de posse de todos os estabelecimentos de impressão? De que vale o direito de reunião pública quando cada sala de reunião pertence ao governo? É verdade que os salões públicos, quando ainda não ocupados, podem ser ocupados por partidos de todos os matizes políticos para fins de reunião pública. Só que, por acaso, são apenas os vários partidos da oposição que invariavelmente têm tanta má sorte nesse sentido. Sempre que desejam um salão ou uma sala, descobrem que já foi ocupado anteriormente; e, portanto, não conseguem realizar uma reunião. Os órgãos de imprensa do governo têm o dever de incluir os avisos eleitorais de todos os partidos pagos como anúncios; mas, por um descuido infeliz na emissão dos certificados de dinheiro, não houve cupons fornecidos para tais propósitos específicos. O resultado desagradável dessa omissão é a total falta de fundos para pagar as despesas de uma eleição. A esse respeito, os socialistas estavam muito melhor sob o antigo estilo. Eles então tinham grandes somas à sua disposição, e deve-se admitir que sabiam como aplicá-las criteriosamente.

Os partidos da oposição queixam-se amargamente da escassez de pessoas que, no momento da prova, tivessem a coragem necessária para enfrentar o governo como adversários; fossem como candidatos ao Parlamento, fossem como oradores em sessões eleitorais. O fato de que toda pessoa desagradável pode ser repreendida sem cerimônia pelo governo, sendo realocada em alguma outra ocupação, ou enviada para uma parte distante do país, pode ter algo a ver com essa hesitação. Tais mudanças repentinas envolvem frequentemente resistir a muitos aborrecimentos e dificuldades, em especial para pessoas de idade avançada. É claro que todos têm o direito de protestar contra uma transferência que parece mero capricho do governo. Mas como um indivíduo pode comprometer-se em provar que a transferência não foi um passo sensato, e nem justificado por outras alterações no regime geral de trabalho, que tornassem necessária essa nomeação específica?

As conferências diárias que nós, controladores, temos juntos tornam cada vez mais claro que as mentes dos homens, tanto nas cidades quanto no campo, estão em severa agitação. É impossível resistir à convicção de que a causa mais insignificante pode, a qualquer momento, ser suficiente para provocar uma violenta erupção do sentimento popular em favor da restauração da velha ordem das coisas. De todas as partes do país, constantemente chegam relatórios detalhando violentas colisões entre os civis e as tropas que foram enviadas para estabelecer o socialismo. O governo não tem certeza nem das tropas. Essa é a razão pela qual Berlim, apesar do grande aumento do Exército, não recebeu nenhuma guarnição. Mas nossa força policial, por outro lado, que foi escolhida entre fileiras de socialistas perfeitamente confiáveis por todo o país, aumentou para 30 mil homens. Além da polícia montada, a força policial agora é reforçada pela adição de artilharia e pioneiros.*

A votação é feita por meio dos boletins de voto**, os quais ostentam o carimbo oficial e são entregues em envelopes lacrados. Mas em vista do sistema de espionagem nas mãos do governo, que penetra nos mais privados assuntos; em vista do caráter público que a vida de todos tem agora e do sistema de controle ao qual todos estão sujeitos; em vista dessas coisas, muitas pessoas parecem desconfiar da aparente segurança e sigilo dos boletins de voto e não votar de acordo com suas convicções mais íntimas. Antigamente, esse tipo de coisa prevalecia em pequenos distritos eleitorais. Agora, porém, cada indivíduo é um espião de seu vizinho.

Há, portanto, muita incerteza quanto ao resultado das eleições. Se a nação expressar seus desejos reais, veremos o retorno de uma maioria empenhada na restauração da velha ordem das coisas. Mas se esses desejos forem refreados pelo medo, teremos um Parlamento que não passa de uma ferramenta nas mãos do governo.

De minha parte, ainda não sei como irei votar. Imagino que, de alguma forma, através da fuga de meu filho um olhar atento está sendo mantido sobre mim. Provavelmente terminarei entregando um boletim de voto em branco.

---

* Um pioneiro é um soldado especializado, que tem como função principal a realização de diversas tarefas de engenharia militar. Em diversas forças armadas, o termo "pioneiro" é usado com um significado análogo ao de pontoneiro e/ou sapador. https://pt.wikipedia.org/wiki/Pioneiro_(militar). (N.T.)

** Votos por correspondência. (N.T.)

XXV

Notícias tristes

ANNIE — NOSSA QUERIDA, PRECIOSA E PEQUENA ANNIE — ESTÁ morta! Parece impossível realmente compreender que a linda criaturinha que costumava brincar, tão cheia de vida e alegria, está agora, ao mesmo tempo, fria e sem vida; que aqueles jovens lábios que tagarelavam tão docemente agora serão mudos para sempre; que aqueles olhos sorridentes que costumavam brilhar tanto agora estão fechados na quietude da morte.

E hoje também é o aniversário dela. A minha mulher tinha ido de manhã ao Lar das Crianças na esperança de, pelo menos, poder ver a criança por alguns minutos. Com um sorriso no rosto e o coração cheio de alegria, perguntou por Annie. Seguiu-se uma pausa, e então ela foi novamente questionada sobre seu nome e endereço. Pouco depois, foi-lhe dada a notícia de que a criança havia morrido durante a noite, de amigdalite, e que uma mensagem nesse sentido estava agora a caminho dos pais.

Minha esposa afundou em uma cadeira completamente estupefata. Mas o amor da mãe por sua filha logo trouxe suas forças de volta. Ela se recusava a acreditar em tal coisa, a acreditar que sua Annie, sua filha, pudesse estar morta; deve haver um grande erro em algum lugar. Ela seguiu apressadamente o atendente até a câmara mortuária. Ah! Não havia erro. Lá estava Annie, nossa querida Annie, naquele longo sono do qual nenhum chamado, nenhum beijo e nenhuma amarga agonia da pobre mãe jamais a despertarão.

De que adianta entrar em um longo relato sobre a rapidez com que essa doença maligna a atacou? Começou com um resfriado que ela provavelmente pegou à noite. Em casa, a criança tinha a mania de se descobrir durante o sono. Mas ali não há olhos de mãe para vigiar com ternura a cabeceira de cada pequenino entre tantas centenas. Além disso, a ventilação prescrita sempre causa mais ou menos corrente de ar nos quartos. Ou possivelmente a criança não foi devidamente secada após o banho. Em todos esses grandes estabelecimentos, boa parte do trabalho deve ser inevitavelmente feito de maneira resumida. É bastante provável também que o estilo de vida diferente tenha tornado a criança um pouco mais fraca e, portanto, mais suscetível do que em casa. Mas do que vale agora a investigação ou especulação? Tudo isso nunca trará nossa Annie de volta à vida.

Como minha pobre esposa será capaz de suportar tanta tristeza sobre tristeza?* O choque teve um efeito tão sério sobre ela que, do Lar das Crianças, teve que ser levada de táxi direto para o hospital. Mais tarde, eles me buscaram. Annie era a queridinha da família, a única menina, nascida algum tempo depois dos rapazes. Quantas foram nossas esperanças, nossos sonhos para o bem-estar dela quando fosse adulta?

Devo dar a notícia amanhã a Ernst da melhor maneira possível. Não será nada bom para vovô ouvi-la. Ele nunca mais poderá contar histórias para ela enquanto ela se senta em seu colo, como costumava fazer, e pede repetidamente para ouvir sobre "Chapeuzinho Vermelho".

Franz e Agnes, na América, ainda não suspeitam de nossa tristeza e não receberão minha carta antes de nove ou dez dias. Franz amava ternamente sua irmãzinha, e raramente deixava de trazer alguma coisinha para ela quando voltava do trabalho. A malandrinha sabia disso muito bem e costumava correr para encontrá-lo na escada assim que havia qualquer sinal de sua chegada.

E agora há um fim para todas essas coisas; um fim para essas e tantas outras coisas em apenas alguns meses.

---

* A expressão "tristeza sobre tristeza" (*sorrow upon sorrow*) aparece na carta de Paulo aos Filipenses 2:27. Aqui o apóstolo refere-se a Epafrodito, um colaborador de quem ele gostava muito, o qual havia adoecido. "E de fato esteve doente, e quase à morte; mas Deus se apiedou dele, e não somente dele, mas também de mim, para que eu não tivesse tristeza sobre tristeza". (N.T.)

XXVI

O resultado das eleições

COM UM PESO COMO ESSE NO CORAÇÃO, TODOS OS ASSUNTOS POLÍticos parecem irrelevantes e vagos para qualquer um. As tristezas do momento presente fazem com que tratemos com indiferença todas as considerações para o futuro.

Franz provou estar certo em sua previsão a respeito dos resultados das eleições. Em sua última carta, ele expressou a crença de que, em uma comunidade em que não havia mais liberdade pessoal ou comercial nem mesmo a forma mais livre de governo conseguiria restaurar qualquer independência política. Ele considerou que aqueles cidadãos que são tão dependentes do governo, mesmo nos assuntos mais comuns da vida, como agora é o nosso caso, só teriam coragem de votar em oposição aos conhecidos desejos dos detentores do poder em circunstâncias muito raras, por mais secreto que esse voto pudesse ser. O direito de voto, escreveu Franz, não poderia ter um significado mais sério em nosso Estado socialista de sociedade do que tal direito tem para soldados em quartéis ou para prisioneiros na prisão.

O resultado das eleições mostra que o partido do governo, apesar de todo o descontentamento generalizado que existe, obteve dois terços dos votos registrados. E esse triunfo, além disso, foi obtido sem nenhum esforço especial de sua parte. A única exceção a ser feita a esse respeito é a transferência de alguns líderes do Partido da Liberdade e dos Younkers, transferências essas que foram obviamente realizadas por razões políticas e destinadas a servir de advertência.

Oprimido pelo peso da adversidade que se abateu sobre nós como família, renunciei à minha intenção original de dar um voto contrário e fiquei do lado do governo. O que teria acontecido a minha esposa e a mim se, em nosso atual estado de espírito, eu tivesse sido mandado para algum lugarzinho distante nas províncias?

Parece um tanto estranho que, no país onde o descontentamento está no auge, o governo tenha obtido os melhores resultados. A única explicação é que, como as pessoas no campo estão sob ainda mais vigilância do que nas cidades densamente povoadas, elas são ainda mais reticentes em expressar as opiniões da oposição do que os habitantes da cidade. Além disso, o recente aumento do Exército dirigiu algum terror aos corações dos homens nos distritos descontentes.

Em Berlim, o partido do governo está em minoria. E de acordo com o sistema de eleição proporcional agora adotado, como Berlim forma apenas uma divisão eleitoral, o voto de nossa cidade está do lado do Partido da Liberdade.

Os Younkers se saíram muito mal e, apesar do forte apoio que lhes foi dado pela Liga Universal do Casamento Feminino, eles só conseguiram eleger um candidato. Parece bastante claro que a nação não deseja ver quaisquer acréscimos feitos ao edifício socialista agora erguido. E mesmo esse candidato dificilmente teria sido eleito se não fosse pela ajuda de amigos pertencentes ao Partido da Liberdade, que apoiaram sua eleição por causa dos ataques vigorosos que ele fez ao governo.

O Partido da Liberdade — ou os Amigos da Liberdade, como também se autodenominam — obteve cerca de um terço do total de votos registrados em todo o país. E esse resultado foi obtido apesar de todos os esforços feitos pelo lado do governo a fim de rotulá-los como um partido de demolição, e que visava apenas minar a ordem estabelecida da sociedade.

A relativa medida de sucesso que esse partido obteve deve-se em grande parte ao apoio dado pelas eleitoras mulheres, e, de fato, essas últimas mostraram muito mais atividade nas eleições do que os eleitores do sexo mais rude. Elas não fizeram segredo da amargura que sentem a respeito do estado atual das coisas e de seu desgosto com as restrições impostas aos assuntos privados e domésticos.

Em particular, o regulamento que torna possível notificar, a qualquer momento, a dissolução do casamento tornou um grande número de esposas abandonadas especialmente ativas na distribuição de boletins de voto e trouxe eleitores retardatários às urnas.

Das candidatas, apenas uma retornou ao Parlamento, sendo essa a esposa do novo chanceler. Essa senhora não é adepta do partido do governo, mas se diz membro totalmente independente. Em seus discursos eleitorais, ela assegurou repetidamente a seus ouvintes que, no Parlamento, seguiria exatamente o mesmo curso que sempre adotou em casa, em relação tanto ao marido atual quanto aos maridos que teve antes, e claramente expressaria sua opinião sempre que o bem-estar da nação parecesse exigi-lo. O partido do governo não se importou em opor-se à eleição dessa senhora, em parte por cortesia ao chanceler, e em parte para que seu retorno pudesse servir como uma ilustração da igualdade entre os direitos das mulheres e os dos homens.

XXVII
Um grande déficit

UM DÉFICIT DE 1 BILHÃO POR MÊS! UM GASTO DE MIL MILHÕES DE marcos sobre a receita por mês! Foi com essa mensagem desagradável que o chanceler saudou a formação do novo Parlamento. A única maravilha é que isso poderia ser mantido em segredo até depois das eleições. Mas agora é hora de examinar esse assunto e ver se alguma melhoria é feita.

Por muito tempo houve sinais em todas as direções de que algo estava errado. Quando ia fazer compras, você era informado, com muita frequência, que tal e tal artigo acabara de esgotar e que um novo suprimento não chegaria por algum tempo. Agora, porém, fica claro que isso não se devia a um aumento da procura, mas sim a uma diminuição da oferta. As coisas ficaram tão ruins que, muitas vezes, havia a maior dificuldade em se obter os artigos de vestuário mais indispensáveis. No caso de outros artigos de uso diário, você frequentemente tinha que ficar sem ou tolerar as coisas mais fora de moda e obsoletas que haviam sido deixadas de lado por muito tempo. Todos os bens de importação, como café, petróleo, alimentos à base de farinha, e assim por diante, eram tão caros que dificilmente estavam disponíveis.

De fato, em nenhum aspecto pode-se dizer que o povo viveu em luxo e desordem. No jantar, as rações de carne permaneceram nominalmente as mesmas do início, a saber, 152 gramas por cabeça. Mas, ultimamente, tem havido inovações desagradáveis em relação à inclusão de osso, cartilagem, gordura e matéria não lucrativa do tipo no peso bruto das rações. A parte vegetal do cardápio também foi muito simplificada e agora está restrita a batatas, ervilha, feijão e lentilha. No Dia de Bebel, o aumento da ração de carne e o copo de cerveja grátis que haviam sido procurados eram evidentes por sua ausência. A economia mais estrita se estende até mesmo à questão de pimenta, sal e especiarias. Por toda parte há reclamações de que a falta de gosto e a mesmice dos pratos são tais que causam náusea, mesmo naqueles que têm o apetite mais robusto. A pouca conversa que existe na hora das refeições tende, cada vez mais, para a direção de se falar sobre doenças e fazer queixas internas.

Tanto quanto as aparências parecem indicar, nossa população, apesar da considerável emigração ocorrida, pode contar com um rápido aumento como resultado do empenho do Estado em criar gratuitamente todos os filhos. Mas, apesar disso, nenhuma medida é tomada para atender à demanda, e mesmo aqui, em Berlim, quase não há construção em andamento. Mesmo os reparos mais indispensáveis são constantemente adiados. Não se diz mais uma sílaba sobre alterações e melhorias em qualquer lugar; sobre a renovação de máquinas e lojas; sobre a construção de novos engenhos, ou obras, ou a ampliação das antigas; ou sobre a construção de novas ferrovias.

Todas as provisões para o consumo diário parecem ter diminuído ao mínimo. Os únicos estoques que temos são de coisas para as quais há pouca ou nenhuma demanda. Os outros estoques existentes consistem em mercadorias que anteriormente enviávamos para o exterior, mas que agora, especialmente nos países socialistas, não são mais vendidas. Essas mercadorias são luvas, sedas, veludos, pianos, vinhos, bordados e artigos de ornamento etc. Todos esses artigos podem ser adquiridos agora nos mercados domésticos por um preço inferior ao de custo, apenas para se livrarem deles.

Mês após mês, o déficit parece crescer em vez de diminuir, apesar de todas as tentativas de se lidar com a dificuldade. Até os estoques de matéria-prima e material auxiliar começam a dar sinais de não ser capazes de manter as várias obras em pleno funcionamento por muito tempo. Comerciantes estrangeiros de todos os lugares pararam de enviar quaisquer mercadorias para a Alemanha a crédito ou de outra forma senão por meio de uma troca imediata de mercadorias no mesmo valor.

Por menos promissor que pareça esse estado das coisas, o governo não pode realmente ser repreendido por ter regulado o consumo sem a devida precaução. Pela declaração feita na abertura do novo Parlamento, parece que, por cálculos bastante precisos realizados, o valor de toda a produtividade do país, imediatamente anterior à Revolução, havia sido de 17 a 18 bilhões de marcos anuais. O governo tomou isso como base e sequer calculou qualquer aumento possível no valor da produtividade da nação sob um novo sistema das coisas. Simplesmente partiu do pressuposto de que esse valor pelo menos permaneceria o mesmo, e não diminuiria com o estabelecimento da jornada máxima de trabalho em oito horas. O cálculo da quantidade de consumo *per capita* da população foi baseado nessa suposição. Mas mesmo se o governo tivesse razão, é bastante evidente que até agora a maioria da nação não foi colocada em uma situação melhor do que estava antes da grande Revolução, mas em pior; e isso sem falar de todas as restrições impostas à liberdade pessoal e comercial.

Bastou pouco tempo, porém, para mostrar que o valor da produtividade da nação caiu para um terço do que havia sido anteriormente. De 18 bilhões de marcos por ano caiu para 6 bilhões; ou de 1,5 bilhão por mês, para meio bilhão. Dessa forma, temos um déficit de 1 bilhão por mês. Em quatro meses, isso equivale a uma perda igual à contribuição de guerra que a França teve de pagar à Alemanha na Grande Guerra de dias passados.

A que isso nos levará? E onde devemos procurar ajuda? A próxima sessão do Parlamento é aguardada com considerável entusiasmo e interesse, pois o chanceler pretende, na ocasião, abordar as razões do déficit.

XXVIII
Assuntos domésticos

AINDA ESTOU BASTANTE SOLITÁRIO EM CASA, ALGO QUE NÃO EXPE-rimentava desde quando era um jovem solteiro.

Minha pobre esposa ainda permanece no hospital, e recentemente o médico me pediu para visitá-la o mínimo possível, para que ela pudesse ficar longe de toda agitação. Assim que ela me vê, lança seus braços apaixonadamente em volta do meu pescoço, como se eu tivesse acabado de ser resgatado de algum perigo alarmante. Quando tenho de deixá-la, renovam-se essas cenas agitadas, e ela demora muito para se conformar com a ideia de minha partida. Depois das nossas conversas, seus pensamentos naturalmente voltam para mim e para os outros membros da família; e, quanto mais ela permite que eles corram nesse ritmo, mais ansiedade e incerteza sente por nossa causa. Ela imagina constantemente que estamos expostos a todos os tipos de terríveis perseguições e perigos, e tem medo de nunca mais nos ver. O choque que seu organismo sofreu com a morte de nossa filhinha e com os eventos relacionados à fuga de Franz e Agnes ainda a afeta severamente.

Meu desejo era consultar nosso ex-médico sobre o caso dela. Ele conhece bem o organismo dela, pois a atendia quando necessário desde o nosso casamento. Quando o visitei, ele acabara de retornar do suicídio de um jovem, que, em vão, havia tentado trazer de volta à vida. Ele me disse que lamentava muito dizer que sua jornada máxima de oito horas havia acabado de expirar e que, assim sendo, não podia dar mais conselhos médicos naquele dia, embora muito contra a sua vontade e apesar da amizade entre nós. Contou-me que já havia sido denunciado duas vezes por um colega mais jovem; que não conseguiu entregar à Secretaria Estadual de Contabilidade o número suficiente de cupons a fim de comprovar que estava profissionalmente envolvido oito horas por dia. Esse jovem o denunciou por exceder as horas de trabalho, e ele foi pesadamente multado por excesso de produção.

Comentando sobre o caso do qual tinha acabado de voltar, o velho cavalheiro discorreu sobre o assustador aumento do número de suicídios na comunidade socialista. Perguntei-lhe se esse tinha sido um caso de amor não correspondido. Ele respondeu que não, mas continuou dizendo que às vezes tais casos ocorriam, exatamente como nos velhos tempos, pois dificilmente seria bom, por ato do Parlamento, proibir as mulheres de rejeitarem propostas que não fossem agradáveis a elas. O velho senhor, que na juventude fora cirurgião do Exército, atribuiu o aumento do número de suicídios a outras causas. Ele me disse que observava, com frequência, que um número considerável de suicídios ocorridos no Exército decorria do simples fato de muitos jovens acharem as restrições incomuns da vida militar totalmente insuportáveis, embora se sentissem perfeitamente satisfeitos com todos os outros aspectos. Esses jovens achavam a vida intolerável nessas circunstâncias, embora soubessem que dentro de dois ou três anos voltariam à liberdade habitual. Portanto, não era de admirar, continuou ele, que as limitações enfadonhas e permanentes da liberdade pessoal, que resultaram da nova organização da produção e do consumo, juntamente com a ideia da igualdade social absoluta de todos, tivessem tido o efeito em muitas pessoas, e essas de modo algum de uma ordem inferior, de tanto roubar a vida de todos os seus encantos, que finalmente elas recorreram ao suicídio como única forma de escapar das restrições de uma existência triste e monótona, que todos os seus esforços foram impotentes para alterar. É muito possível que o velho cavalheiro não esteja totalmente errado.

É animador pensar que temos boas notícias de Franz e Agnes na América. Esse é o único raio de sol na minha vida. Eles escrevem que já deixaram a pensão em Nova York, onde ficaram imediatamente após o casamento, e conseguiram uma casinha humilde juntos. Por ser excelente em seu ofício e por seu caráter honrado, Franz tornou-se supervisor em uma gráfica de primeira classe. Agnes trabalha para uma grande chapelaria, e parece que os salários nesse ramo subiram consideravelmente na América desde que a concorrência por parte da Alemanha está tão seriamente atrasada. Assim, pela economia, eles podem comprar uma coisa após a outra para seu aconchegante lar. Franz ficou terrivelmente transtornado com a notícia da morte de sua irmãzinha, e quer muito que eu envie Ernst até ele, prometendo cuidar de seu futuro.

Não há palavras para descrever a pena que sinto de Ernst em sua escola. E, de fato, no geral, não se ouvem senão relatos desfavoráveis sobre essas escolas, mais particularmente daquelas que são ocupadas por jovens de 18 a 21 anos de idade. Todos esses rapazes sabem que, ao completar 21 anos, independentemente do que aprenderam, ou se aprenderam muito ou pouco, precisamente o mesmo destino os aguarda. Eles sabem que encontrarão exatamente o mesmo caminho, que é prescrito da mesma forma para todos, prescrito para eles, e que nenhum esforço ou talento jamais valerá para capacitá-los para irem além desse curso prescrito. Eles sabem, além disso, que o fato de seus gostos estarem nesta ou naquela direção particular não oferece a menor garantia de receberem uma nomeação de acordo com esses gostos ou mesmo em concordância aproximada com eles. O resultado é que, quase sem exceção, eles correm para todo tipo de extravagância e excesso, de modo que ultimamente medidas muito severas tiveram que ser tomadas, a fim de mantê-los dentro de limites que dificilmente poderiam ser ultrapassados em reformatórios.

Mas, apesar de tudo isso, ainda não ouso sussurrar uma palavra a Ernst sobre a fuga. Mesmo que eu pudesse encontrar uma maneira segura de colocar o jovem a bordo de um navio estrangeiro, e supondo que tivesse algum meio de compensar Franz pelas despesas da viagem, ainda assim me sentiria incapaz de dar um passo tão decisivo para o futuro de Ernst sem a plena aquiescência de sua mãe. E falar com ela sobre tal coisa, em seu atual estado de espírito, poderia ser sua morte.

XXIX

Uma sessão parlamentar tempestuosa

NÃO ESTIVE NA CÂMARA DESDE O DEBATE SOBRE A QUESTÃO DA CAIXA econômica. Deve ser lembrado que isso foi antes da recente eleição geral, e que a Câmara — ou como foi denominada, o Comitê de Governo — era então composta exclusivamente de membros do Partido Socialista que se reuniram antes da Revolução, tendo sido declarados vagos os assentos de todos os membros dos vários outros partidos, em consideração ao fato de que todos esses membros haviam sido eleitos por influência do capital. Hoje, porém, os recém-eleitos opositores do socialismo sentaram-se em seus lugares, ocupando todo o lado esquerdo da Câmara e somando cerca de um terço das cadeiras.

A única senhora que foi eleita, a esposa do chanceler, sentou-se no meio do banco da frente da oposição. Ela é uma mulher elegante e arrojada, com muita energia: a meu ver, talvez estivesse vestida de maneira um tanto coquete para a ocasião. Ela acompanhou o discurso do marido com muita atenção, em um momento acenando em aprovação e em outro balançando a cabeça — ela usava cachos e fitas vermelhas no cabelo — para denotar discordância.

O lado do governo na Câmara estava sob uma nuvem muito aparente de depressão, resultante da notícia do grande déficit. A oposição, por outro lado, estava muito animada em suas investidas. As galerias dos forasteiros estavam densamente lotadas, o número de mulheres presentes era especialmente grande e a agitação em todos os lugares era considerável.

Um debate sobre a situação das finanças nacionais estava na ordem do dia, e tentarei reproduzir aqui os principais pontos do debate quanto às causas do grande déficit. O primeiro orador foi:

O chanceler: "O fato de ter havido uma diminuição considerável nos valores produtivos em nosso país, uma diminuição tão grande que esses valores são agora apenas um terço do que eram antes da grande Revolução, é um fato pelo qual não nos convêm rir ou chorar, mas que todos devemos nos esforçar para identificar e compreender. Em destaque entre as causas desse retrocesso estão os opositores ao nosso sistema socialista".

O membro por Hagen, à esquerda: "Oh, oh".

O chanceler: "Eu mal preciso lembrar ao membro por Hagen que, para estabelecer o socialismo no país, tivemos a necessidade de aumentar a força policial mais de dez vezes. Além disso, vimos a celeridade para dobrar a força permanente da Marinha e do Exército, a fim de que essas forças possam prestar apoio adequado à polícia em seu trabalho de manutenção da ordem e prevenção da emigração, e para que possam também constituir um baluarte eficiente contra perigos do exterior. Ademais, a declaração de nulidade de todos os títulos e valores do Estado por parte dos vários governos socialistas da Europa afetou necessariamente qualquer capital alemão investido nesses países e, dessa forma, tendeu muito a diminuir nossa renda. Nosso comércio de exportação caiu de forma alarmante; em parte, devido à ordem socialista das coisas que agora reina de forma suprema em muitos países; e, em parte, à aversão que as nações burguesas mostram ao nosso sistema manufatureiro. Em relação a essas várias causas, dificilmente se pode prever que haverá grande alteração no futuro.

"Uma causa proveitosa, a nosso ver, da grande queda no poder produtivo da nação tem sido a liberação de jovens e idosos da obrigação de trabalhar (é isso mesmo, da esquerda) e a redução das horas de trabalho. (Comoção.) Também somos da opinião de que a abolição de todo trabalho por peça contribuiu, sem dúvida, para uma diminuição da manufatura. (É isso mesmo, da esquerda). Um resultado dos efeitos desmoralizantes do antigo estado da sociedade é que, infelizmente, a consciência da necessidade indispensável de trabalhar, que é imposta a todas as pessoas em uma comunidade socialista, ainda não penetrou a maior parte do povo (dissidência da direita) a ponto de acharmos justificável não apresentar a vocês a medida que estamos prestes a introduzir, a saber, um projeto de lei a fim de estender a jornada máxima de trabalho para doze horas. (Furor.) Além disso, propomos — pelo menos como medida provisória, e até que um equilíbrio satisfatório seja restabelecido — estender a obrigação de trabalhar a todas as pessoas entre 14 e 75 anos, em vez de, como até agora, para aqueles entre as idades de 21 e 65. (É isso mesmo, da esquerda.) Devemos, no entanto, nesses arranjos, tomar providências para oferecer recursos a jovens talentosos, para sua formação futura, e também cuidar para que pessoas decrépitas estejam engajadas em um tipo de trabalho que não prejudique seu estado de saúde.

"Em segundo lugar, somos fortemente da opinião de que um sistema de alimentação nacional mais simples e menos dispendioso do que o que tem sido adotado até agora (discordância da direita) materialmente ajudaria muito na redução do déficit. Investigações que cuidadosamente conduzimos nos últimos tempos estabeleceram plenamente o fato de que, desde que as rações de batatas e vegetais sejam aumentadas em um grau proporcional, os costumeiros 152 gramas de carne não são de forma alguma necessários na refeição principal do dia, mas aqueles 46 gramas de carne, ou gordura, são abundantemente suficientes.

O membro por Hagen: "Em Ploezensee!".*

O presidente: "Devo solicitar ao membro por Hagen que pare com essas interrupções". (Aplausos da direita.)

O chanceler: "É um fato bem-conhecido que há muitas pessoas respeitáveis — refiro-me àquelas pessoas denominadas vegetarianas — que sustentam não apenas que a carne pode muito bem ser totalmente dispensada, mas que é prejudicial ao sistema humano. (Comoção da direita.)

"Uma das principais fontes, no entanto, a partir da qual calculamos a economia efetiva, é a colocação de limites mais estreitos ao capricho individual, conforme manifestado na compra de artigos. Uma medida dessa natureza é um passo necessário e lógico na direção da igualdade social, e esperamos, por meio dela, acabar com a regra irracional da oferta e da procura que ainda hoje prevalece em grande medida, e que tanto tende a colocar obstáculos no caminho da produção e a aumentar o preço das coisas correspondentemente. A Comunidade produz, digamos, artigos de consumo, móveis, roupas etc. Mas a demanda por esses artigos é regulada pelo mais simples desvario ou capricho — chame de moda, gosto ou como quiser.

A mulher do chanceler: "Oh, oh".

O chanceler hesitou um momento e procurou, por meio de um copo d'água, acalmar sua evidente irritação com a interrupção. Ele então continuou:

---

* Ploezensee é uma casa de correção em Berlim.

"Repito, o capricho da moda é dirigido com muita frequência, não para os artigos que já estão em estoque, mas para alguma doideira da moda que atrai a fantasia do momento. Como resultado disso, as mercadorias que são fabricadas e expostas à venda pela Comunidade tornam-se, muitas vezes, os chamados veteranos de loja, ou estragam — em suma, não cumprem o propósito para o qual foram produzidas; e tudo isso, sem dúvida, apenas porque esses bens não agradam muito ao sr. e à sra. X, Y, Z. Agora eu pergunto a vocês: temos razão em ceder aos caprichos de tais pessoas a ponto de lhes oferecer uma escolha entre vários bens para um e outro fim idêntico — como alimentação, mobília e vestuário —, a fim de que o sr. e a sra. X possam viver, se vestir e mobiliar sua casa de maneira diferente da do sr. e da sra. Y? Apenas reflitam quão amplamente todos os processos de fabricação seriam barateados se, em vez de haver qualquer variedade de mercadorias destinadas a cumprir o mesmo propósito, todos esses artigos fossem limitados a alguns padrões ou, melhor ainda, se fossem todos feitos em um único padrão. Todas as perdas decorrentes de bens deixados de lado como invendáveis seriam evitadas, de uma vez por todas, se definitivamente fosse entendido que o sr. e a sra. X, Y, Z têm que jantar, se vestir e mobiliar suas casas naquela forma prescrita pelo Estado.

"Portanto, senhoras e senhores, o governo contempla submeter em breve, à sua consideração, planos para regular suas outras refeições de maneira semelhante àquela que foi adotada desde o início, a fim de regular a principal refeição do dia. Também tenderá a promover uma igualdade social mais real se todos os bens domésticos e móveis, como camas, mesas, cadeiras, guarda-roupas, roupas de cama, etc., etc. forem declarados propriedade do Estado. Por meio de cada residência separadamente sendo fornecida pelo Estado, com esses vários requisitos, todos segundo um padrão idêntico, e todos permanecendo como uma parte permanente de cada residência, o problema e a despesa da remoção são eliminados. E só então, quando tivermos avançado até aqui, estaremos em condições de abordar, pelo menos de modo aproximado, o princípio da igualdade no que diz respeito à questão das habitações, por mais diferentes que sejam as suas situações e vantagens. Propomos resolver esse problema por meio de um novo sorteio universal que acontecerá de três em três meses. Assim, a cada trimestre do ano, renovam-se as chances que todos têm de ganhar uma bela suíte de apartamento no primeiro andar. (Risos da esquerda. Aplausos aqui e ali da direita.)

"Como uma ajuda adicional para a promoção da igualdade, propomos que, no futuro, todas as pessoas se trajem de roupas cujos corte, material e cor caberão a esta Câmara determinar de antemão. O período durante o qual todas as roupas devem ser usadas também será fixado com precisão."

A mulher do chanceler: "Nunca, nunca".

A discordância demonstrada por esse membro foi assumida por várias senhoras nas galerias dos forasteiros.

O presidente: "Todos os sinais de aprovação ou desaprovação das galerias de forasteiros são estritamente proibidos".

O chanceler: "Não desejo ser mal-interpretado. Não contemplamos levar a igualdade no vestuário a tal ponto que todas as diversidades sejam totalmente abolidas. Pelo contrário, sugerimos o uso de vários distintivos como marcas pelas quais as damas e cavalheiros, das diferentes províncias, cidades e ofícios, podem ser facilmente distinguidos uns dos outros à primeira vista. Um arranjo desse tipo facilitará materialmente a vigilância de pessoas individuais por parte dos verificadores designados pelo Estado para esse fim (é isso mesmo, da esquerda); e, portanto, tornará o atual e inevitável aumento no número desses verificadores menor do que, de outra forma, seria. Como vocês sabem, o número de verificadores até agora tem estado na proporção de um para cada cinquenta pessoas. Mas, com a ajuda do arranjo que acabamos de propor, o governo é da opinião de que a nomeação de um fiscal para cada trinta pessoas será suficiente, a fim de tornar nosso país um país ordeiro no verdadeiro sentido da palavra (perturbação e gritos de 'tirania' da esquerda; o presidente tocou seu gongo e pediu ordem,) e garantir, por parte de todos, uma rigorosa observância das leis e dos regulamentos relativos à realização de refeições, estilo de se vestir, modo de vida, e assim por diante.

"Esse é o nosso programa. Se for aprovado por vocês, não duvidamos de que uma vigorosa execução dele terá, em breve, o efeito de acabar com o déficit e conduzir o país, com base na igualdade social, a níveis inimagináveis de prosperidade e felicidade, à medida que, com o passar do tempo, desfaz os efeitos desmoralizantes do estado anterior da sociedade e triunfa sobre eles". (Aplausos da direita; resmungos e vaias da esquerda.)

O presidente: "Antes de prosseguir, a fim de debater as medidas que foram detalhadas pelo chanceler, seria bom que os membros que desejarem informações mais completas sobre qualquer um dos pontos observados aproveitassem a presente oportunidade para dirigir perguntas curtas ao chanceler".

O chanceler disse que estava preparado para responder imediatamente a quaisquer perguntas que lhe fossem dirigidas.

Um membro do partido do governo desejou que o chanceler fosse mais explícito quanto à forma que se propunha dar às refeições da manhã e da noite; e perguntou ainda se as medidas contempladas teriam algum efeito regressivo sobre o valor dos cupons que compõem os certificados de dinheiro.

O chanceler: "Agradeço ao último orador por ter chamado minha atenção para várias omissões em minha declaração. Com o objetivo de evitar qualquer sobrecarga dos órgãos digestivos, propomos reduzir as rações de pão, para adultos, de 680 gramas por dia para 450 gramas. A grande quantidade de amido, que é parte constituinte do trigo, é particularmente suscetível à fermentação, que, como a experiência tem mostrado, com frequência resulta em distúrbios internos desagradáveis. Além dessa ração de pão, e que naturalmente serve para o dia inteiro, cada pessoa receberá 150 grãos de café não torrado e meio litro de leite desnatado para o café da manhã. Isso renderá um litro de café. O governo está plenamente convencido de que uma adesão consciente a essas proporções resultará na produção de um composto que estará livre dos efeitos nocivos e de aquecimento que frequentemente acompanham o uso do café como bebida. (Risos da esquerda.)

"A refeição da noite será composta de um litro e meio de sopa para cada adulto, com o cuidado de se garantir a devida variedade, para que essas sopas não enjoem o paladar das pessoas. Sopa de arroz, sopa de farelo, sopa de cevada, sopa de pão e sopa de batata serão alternadas entre si; e, para se obter ainda mais variedade, o meio litro de leite desnatado será ocasionalmente substituído pela ração de sopa. Nos três principais feriados políticos do ano — os aniversários de Bebel, Lassalle e Liebknecht —, cada adulto receberá meio quilo de carne e meio litro de cerveja para o jantar.

"Também esqueci de mencionar que, uma vez por semana, haverá um aumento da ração de cada pessoa adulta com a adição de um arenque.* As pessoas que preferem consumir arenque na refeição da noite têm liberdade para fazê-lo; e, de fato, esse plano é muito recomendado, visto que a refeição do meio-dia já é enriquecida com 46 gramas de carne.

* É um pequeno peixe gorduroso. (N.T.)

"Essas são as propostas que submetemos ao Parlamento para sanção. Ao tentar formular a alimentação do povo com base em princípios simples e naturais, fomos guiados pela consideração de que tal sistema nos colocaria em condições de exportar todos os nossos produtos mais valiosos, como caça e aves, presuntos, vegetais altamente apreciados, os melhores tipos de peixe, vinho, e assim por diante. Por esse meio, calculamos pagar a conta das importações necessárias para o sustento do povo, mais particularmente de milho e café.

"No que diz respeito aos certificados de dinheiro, é evidente que uma aplicação prolongada do plano de abastecimento do povo deve necessariamente afetar o valor dos cupons usados para esse fim. Contempla-se também, no futuro, fornecer fogo e iluminação a todas as residências a uma taxa fixa, que será deduzida dos certificados de dinheiro. Da mesma forma, todas as lavagens — naturalmente até um certo limite máximo — serão feitas nos estabelecimentos estatais de lavagem sem cobrança direta.

"Nessas circunstâncias, e vendo que as pessoas terão tudo ao seu alcance, o governo voltou a atenção para as considerações referentes a qual seria a quantia judiciosa e prudente a ser fixada para as despesas privadas de cada um, o que, de fato, é familiarmente designado como dinheiro de bolso, e pareceu-nos que tais gastos diversos estariam envolvidos na compra de um pequeno complemento ocasional em forma de comida e bebida, tabaco, sabão, diversões ou viagens ocasionais; em suma, ao obter tudo o que o coração poderia desejar, não deveríamos estar errados ao estipular um marco *per capita* para cada dez dias. (Risos da Esquerda.) Deve ser entendido que a aplicação dessa marca não está sujeita à menor limitação ou a qualquer tipo de controle oficial. Assim, ficará claro que estamos longe de desejar restringir indevidamente a liberdade individual quando nos movemos em esferas legítimas."

Um membro do Partido da Liberdade quis saber as intenções do governo referentes à maior lentidão e lassidão na execução do trabalho, que presumivelmente resultariam do aumento da jornada de trabalho para doze horas. Pediu também que se manifestasse a opinião do governo sobre a questão do aumento da população.

O chanceler: "No que diz respeito às infrações à obrigação de trabalho, o governo reconhece que o prolongamento das horas de trabalho para doze torna imperativamente necessário um maior aprofundamento do sistema de penalidades; e propõe-se a efetuar essa elaboração através de uma variedade de meios. Entre outras, menciono a retirada da cama para transgressões menores; prisão, encarceramento em cela escura e chicotadas por reincidência". (Vaias das galerias dos forasteiros.)

O presidente ameaçou esvaziar as galerias imediatamente se suas advertências fossem novamente desconsideradas.

O chanceler: "Não me deixe ser mal-interpretado no que diz respeito ao chicote. Não estamos dispostos a recomendar a aplicação de mais de trinta golpes. Por esses meios, o governo busca, como finalidade, desenvolver o reconhecimento da necessidade do trabalho, mesmo naqueles que se rebelam constitucionalmente contra a doutrina.

"No que diz respeito ao aumento da população, mantemos firmemente o princípio de Bebel, em sua essência, de que o Estado deve considerar o nascimento de cada criança como um acréscimo bem-vindo à causa do socialismo. (Aplausos da direita.) Mas, mesmo aqui, será necessário traçar a linha em algum lugar, e nunca mais poderemos permitir que um aumento irracional da população perturbe o equilíbrio delicadamente ajustado que será estabelecido pela aprovação das medidas propostas. Assim, como teremos oportunidade de mostrar mais claramente quando o debate sobre o orçamento for iniciado, consideramos utilizar em grande parte o sistema empregado para alimentar o povo como instrumento de regulação da população. Nisso, estaremos seguindo uma dica pela qual agradecemos a Bebel. Bebel disse, com não menos beleza do que verdade, que o socialismo é uma ciência aplicada com propósito inabalável e firmeza inflexível de objetivo a todas as esferas da atividade humana." (Vivos aplausos da direita.)

O presidente: "Como nenhum membro parece desejoso de fazer mais perguntas ao chanceler, podemos proceder imediatamente à discussão dos assuntos perante a Câmara. Seguirei o plano de nomear alternadamente oradores dos dois grandes partidos, a direita e a esquerda, e começarei pela esquerda. Eu invoco o membro por Hagen".

O membro por Hagen: "Tenho pouco desejo de interrogar de perto o chanceler sobre os detalhes de seu programa. Os frutos da (assim chamada) ordem socialista das coisas que vimos até agora, e ainda mais aqueles que podemos esperar das várias medidas em perspectiva, são suficientes para encher a alma de aversão e repulsa pela condição das coisas que o socialismo trouxe à Alemanha. (Grande alvoroço da direita; ruidosos aplausos da esquerda.) A experiência mostra que as realidades miseráveis transcendem até mesmo o que o meu falecido antecessor previu em relação a qual seria a condição das coisas se o programa socialista fosse realmente realizado. (Gritos da direita: 'Aha, o homem das falsidades; o matador de socialistas'.) Percebo que os cavalheiros da direita nunca foram capazes de superar as *Falsidades do Socialismo*, do falecido membro Eugene Richter.* Só é lamentável que esses senhores não tenham se convertido em seus erros, de modo que pudessem agora, com visão desanuviada, ver a conexão que todos os assuntos da economia nacional e internacional têm entre si. Esse déficit anual de 12 bilhões de marcos, com o qual nos deparamos, significa a falência da social-democracia. (Grande alvoroço da direita.) O chanceler está absolutamente no caminho errado quando tenta responsabilizar de alguma forma os oponentes do socialismo pelo déficit.

"A Alemanha está cheia de soldados e policiais de uma forma que jamais se viu acontecer antes. Mas, quando todos os assuntos da vida, grandes e pequenos, sem exceção, estiverem sujeitos à administração do Estado, você terá que contar com uma hoste adicional de servidores nomeados para garantir que as ordens do Estado sejam devidamente cumpridas. Infelizmente, é verdade que nosso comércio de exportação está em uma situação miserável, mas isso é atribuível apenas à reviravolta total da produção e do consumo que ocorreu tanto aqui em casa quanto nos países socialistas vizinhos. Mas mesmo isso está longe de explicar adequadamente um déficit de tantos bilhões. O chanceler considera que parte da culpa recai sobre a redução da jornada de trabalho. Mas, antes de a Revolução ocorrer, as horas de trabalho eram em média inferiores a dez horas e, com o passar do tempo, essa jornada de trabalho, no curso regular dos acontecimentos, tornou-se gradualmente mais curta de maneira fácil e natural e sem a necessidade de qualquer força súbita para ser provida. Devemos procurar a causa do retrocesso em todas as nossas manufaturas, não tanto na redução da jornada de trabalho quanto na qualidade inferior de nossos produtos agora; em suma, na vadiagem (Oh, oh, da direita) que se tornou generalizada. Como nos tempos feudais, o trabalho agora é novamente considerado uma espécie de vilania, uma labuta com ares de escravidão. O sistema de remuneração idêntica para trabalhos dos mais diversos valores; a ausência de qualquer perspectiva de melhorar a condição de alguém, independentemente de quão grande seja a sua diligência e habilidade; esses são elementos hostis ao verdadeiro amor pelo trabalho em si.

---

* *Falsidades do socialismo*, de Eugene Richter. Berlim, 1890.

"Outra razão pela qual a manufatura não é mais produtiva é que, com o fim de toda iniciativa privada, houve um desaparecimento daqueles líderes cuidadosos e prudentes no campo do trabalho, que zelavam para que se fizesse um uso criterioso de todos os materiais e que, mais ou menos, regulavam a oferta em função da procura. Seus gerentes de hoje carecem de todo interesse real e profundo em seu trabalho; eles carecem do estímulo que, em tempos passados, até mesmo os chefes dos estabelecimentos governamentais recebiam da concorrência com empresas privadas. Esse vasto déficit nos ensina com bastante clareza que o homem da iniciativa privada não era um saqueador nem um vagabundo supérfluo, e que mesmo o trabalho árduo, quando não conduzido de maneira inteligente, pode resultar apenas em um mero desperdício de força e de material. Então, novamente, seu sistema de trabalho em grande escala em todos os lugares, mesmo nos casos aos quais esse sistema não se adapta, opera para retardar a produção.

"A que ponto chegamos? Ao tentar eliminar as desvantagens do método socialista de manufatura, você coloca tais restrições à liberdade das pessoas e do comércio, e transforma a Alemanha em uma gigantesca prisão. (Grande alvoroço da direita; aplausos da esquerda e das galerias. O presidente ameaçou desocupar imediatamente as galerias se houvesse mais manifestações de sentimentos.) A obrigatoriedade de todos trabalharem; a igualdade dos horários de trabalho para todos; forçar as pessoas a certos tipos de trabalho, ignorando completamente seus desejos e gostos; essas são coisas que até então não havíamos experimentado fora dos muros das penitenciárias. E, mesmo nessas instituições, os internos mais industriosos e habilidosos tinham a oportunidade de ganhar um troco a título de algo extra. A semelhança com a vida na prisão também é mantida através do sistema de cada pessoa ter que ocupar uma determinada habitação, assim como os presos têm suas celas distribuídas a eles. Os equipamentos que devem formar uma parte inseparável de cada habitação aumentam ainda mais a semelhança com a vida na prisão. Famílias estão dilaceradas. E, se não fosse pelo medo de que o socialismo morresse, vocês separariam completamente marido e mulher, como se faz na prisão.

"E assim como é em relação ao trabalho, também é em relação ao descanso; e cada membro desta comunidade socialista está preso ao mesmo alimento prescrito. Eu tinha razão em gritar 'Ploezensee', à medida que o chanceler nos esclarecia a respeito do seu programa. Quase me arrisco a dizer que a comida dispensada outrora aos reclusos da prisão era melhor do que a que agora se propõe para alimentar a nação. Para que nada falte, a fim de completar a semelhança com um cárcere, propomos agora trajes uniformes. Os superintendentes já vêm garantidos nas pessoas dos numerosos verificadores; sentinelas também são colocadas para garantir que os condenados ao socialismo não escapem pelas fronteiras. Em nossas prisões, a jornada de trabalho era de dez horas, não de doze. A pena pela chicotada, que é preciso introduzir como auxílio para estabelecer a jornada de trabalho de doze horas, já não era mais utilizada em muitos presídios, porque se percebia que ela poderia ser dispensada. Aos encarcerados havia, pelo menos, a possibilidade de um ato de indulgência, que algum dia poderia abrir caminho para a liberdade, mesmo para aqueles que haviam sido condenados à prisão perpétua. Mas aqueles que são entregues à sua prisão socialista são condenados à prisão perpétua sem esperança de fuga; a única saída é o suicídio. (Furor.)

"Sua explicação para tudo isso é que, no momento, estamos em um estado de transição. Nada disso. As coisas ficarão cada vez piores quanto mais tempo durar o sistema atual. Até agora você só desceu os degraus mais altos daqueles que levam ao abismo. A luz do dia ainda alcança você naqueles degraus superiores, mas você se afasta dela. Qualquer que seja a cultura existente agora, qualquer que seja a escolaridade, a prática e a habilidade, tudo se deve aos antigos sistemas de sociedade. Mas em nossas escolas socialistas de hoje, sejam elementares, avançadas ou técnicas, nossos jovens não fazem nenhum progresso, não por falta de tempo ou meios de instrução, mas simplesmente porque ninguém se sente absolutamente obrigado a adquirir certas coisas como trampolins para o sucesso futuro na vida.

"Você vive do capital cultural e de riqueza que chegou até você como resultado de arranjos anteriores da sociedade. No entanto, você está tão longe de economizar qualquer coisa e de se preparar para melhorias e novidades, que não pode sequer manter adequadamente as posses que temos, e permite que elas caiam em decadência. Agora não há meios de manter todas essas coisas intactas, porque, ao destruir a esperança de lucro, que induziu os capitalistas a se engajarem em atividades, você simultaneamente impediu toda formação posterior de capital, que, por sua vez, teria levado a novos empreendimentos.

"Todo desenvolvimento superior das faculdades, não menos que todo progresso material, está paralisado desde a abolição da livre concorrência. O interesse próprio costumava aguçar a inteligência dos indivíduos e trazer à tona sua inventividade.

Mas a rivalidade de muitos que lutavam no mesmo campo de trabalho operava constantemente para fazer das realizações dos indivíduos propriedade comum.

"Todas as propostas do chanceler serão tão impotentes para compensar o vasto déficit quanto foi nossa tentativa, há alguns anos, de organizar a produção e o consumo em nossas prisões, a fim de cobrir até um terço das despesas correntes desses lugares. Em pouquíssimo tempo, apesar do programa do chanceler, vocês se encontrarão diante de um novo e maior déficit. Portanto, aconselho vocês a não ficarem muito entusiasmados com o advento das crianças como sendo acréscimos bem-vindos ao socialismo. Pelo contrário, considerem a melhor maneira de promover uma diminuição da população. Pois é certo que, mesmo com o estilo miserável de alimentação que o chanceler é obrigado a nos oferecer, a Alemanha, com base na ordem atual das coisas, será capaz de sustentar permanentemente uma população muito rala e esparsa. O mesmo se aplica, é claro, aos países socialistas vizinhos. Naturalmente, a lei inexorável da autopreservação obrigará os socialistas deste lado, e do outro lado, a se engajarem em uma luta mortal, que durará até que a população supérflua, que só pode ser sustentada pelas formas e sistemas que você erradicou, tenha sucumbido.

"Até onde eu sei, a esperança que Bebel uma vez expressou ainda não está mais próxima de sua realização — a saber, a esperança de que, com o passar do tempo, o deserto do Saara seria transformado em distritos frutíferos, por meio de irrigação, e provaria ser um terreno favorável à colonização e ocupação da população socialista excedente da Europa. Considero, também, que ainda não há grande afeição por parte daqueles do seu lado na política, que são supérfluos aqui, em seguir a outra proposta que Bebel já teve a bondade de sugerir como uma saída para o excesso de população. Essa sugestão foi colonizar o norte da Noruega e a Sibéria. (Risos da esquerda.)

"Se é ou não possível parar no caminho do progresso em relação à destruição, no qual entramos, eu dificilmente ousaria dizer. Muitos bilhões em valor já foram destruídos pela Revolução, e novamente seria necessário o sacrifício de bilhões para restaurar algo que se assemelhasse à ordem na atual e desorganizada condição das coisas.

"Enquanto nós na velha Europa, graças aos seus esforços, estamos caminhando rapidamente para a ruína e a destruição, surge, do outro lado do oceano, cada vez mais poderoso e rico, um poder que se estabelece na base firme da propriedade pessoal e da livre concorrência, e cujos cidadãos nunca cogitaram seriamente as falsidades do socialismo.

"Cada dia que retardamos a libertação de nosso país do labirinto miserável ao qual um desvario o conduziu, somos levados para mais perto do abismo. Por isso eu digo: 'Abaixo o regime socialista das prisões! Vida longa à liberdade'". (Vivos aplausos da esquerda e das galerias. Assobios e comoção da direita.)

O presidente chamou o último orador à ordem para as considerações finais contidas em seu discurso e deu instruções para a evacuação imediata das galerias, em razão das reiteradas manifestações de opinião por parte dos ocupantes.

A evacuação das galerias não causou poucos problemas. Como tive de ir com os outros, infelizmente não posso dizer mais nada sobre o andamento da sessão. Mas, como o governo tem uma maioria servil a seu favor, dificilmente pode haver qualquer dúvida quanto à aprovação das várias medidas propostas pelo chanceler. Nem mesmo a indignação da esposa do chanceler diante da proposta de Regulamento da Lei do Vestuário terá qualquer efeito no tocante à sua alteração.

XXX

Ameaça de greve

AS NOVAS PROPOSTAS DO CHANCELER PARA ACABAR COM O GRANDE déficit foram recebidas por todos os lados em Berlim com zombaria e escárnio. Até que ponto essa insatisfação pode chegar, não há como prever. Há muito tempo existe um grande espírito de descontentamento entre os artífices de metais e, mais particularmente, entre os engenheiros. Esses homens afirmam ter tido uma grande participação na realização da Revolução e reclamam que agora foram enganados de modo vergonhoso em relação àquilo que o socialismo sempre lhes prometeu. Certamente não se pode negar que, antes da grande Revolução, lhes havia sido prometida, várias e várias vezes, "a recompensa total por seus trabalhos". Isso, como eles afirmam, aparecia expressa e repetidamente em preto e branco nas colunas do *Onward*. E agora eles devem tolerar que recebam apenas o mesmo salário que todos os outros?

Eles dizem que, se recebessem o valor total das máquinas e ferramentas que saem de suas oficinas, descontando-se o custo da matéria-prima e do material auxiliar, obteriam, no mínimo, quatro vezes mais do que recebem agora.

É em vão que o *Onward* tem se esforçado para mostrar a eles que sua interpretação é totalmente falsa. O socialismo, diz esse órgão, nunca contemplou oferecer a cada trabalhador em sua especialidade a recompensa total por seu trabalho naquela esfera profissional específica. Ele prometeu à nação como um todo a recompensa total pelos trabalhos efetuados por todo o povo. Independentemente do que esses técnicos produzissem em suas oficinas e fábricas, estava bastante claro que as coisas produzidas não eram o resultado puro e simples do trabalho manual. Máquinas e ferramentas caras eram igualmente necessárias para sua produção. Não em menor grau, grandes edifícios e meios consideráveis eram indispensáveis.

Todos esses acessórios não foram produzidos pelos trabalhadores efetivamente contratados na época. Então, visto que a Comunidade provê todos esses edifícios, planos e meios, certamente era justo que a Comunidade se apropriasse do que restasse depois de pagar um certo salário calculado a uma taxa uniforme para todas as pessoas no país.

Mas esses técnicos, de alguma forma, não podem ser levados a ver a coisa por esse ângulo. Eles dizem que, se o Estado, ou a Comunidade, ou como você quiser chamá-lo, está agora recebendo os lucros que antes eram pagos aos acionistas pelo empréstimo de seu capital, isso dá no mesmo para eles a longo prazo. Se era para acabar assim, a grande Revolução poderia muito bem nunca ter ocorrido.

A perspectiva do prolongamento da jornada de trabalho para doze horas tornou esses operários de diferentes ofícios de metal mais amargos do que nunca. Doze horas por dia diante de uma lareira crepitante e trabalhando em metais duros é diferente de doze horas atrás de um balcão esperando clientes ou doze horas cuidando de crianças.

Em suma, esses homens exigem a recompensa total por seu trabalho, conforme entendem o termo, sendo a jornada de trabalho limitada a dez horas, no máximo. Várias grandes reuniões de homens já aconteceram à noite, em Jungfern Common e Wuhl Common, para se debater a questão de recorrer à força caso suas demandas não fossem atendidas. Fala-se da ameaça de greve envolvendo 40 mil homens, os quais se ocupam, em Berlim, dos diferentes ramos do metal.

XXXI

Notas diplomáticas ameaçadoras

OS GOVERNOS SOCIALISTAS DA RÚSSIA E DA FRANÇA ESTÃO TÃO perdidos quanto nós em relação a saber como superar as dificuldades que constantemente surgem. Assim, eles tentam apaziguar o mau humor de suas populações direcionando a atenção para os assuntos externos. Um dos primeiros atos dos governos socialistas foi dissolver a Tríplice Aliança. A Áustria vê-se ameaçada neste momento pela Itália, na Ístria e no Tirol italiano. O fato de a Áustria estar envolvida assim com outro lado parece ser favorável à Rússia e à França, dado o fato de terem adotado um tom elevado para com a Alemanha. Consequentemente, ambas as potências enviaram notas simultâneas ao nosso Ministério das Relações Exteriores, solicitando que, dentro de dez dias, seja feito o pagamento do valor devido pelos bens fornecidos.

Ora, como é que a França se coloca na posição de nossa credora? Na verdade, não tiramos absolutamente nada da França, exceto alguns milhões de garrafas de champanhe que foram esvaziadas na primeira embriaguez de prazer com o sucesso da grande Revolução e antes que o Estado tomasse em suas mãos a regulamentação do consumo. A Rússia, no entanto, teve a perfídia de ceder uma parte de suas reivindicações sobre nós à França, a fim de construir uma base comum de operações contra nós. Nossa dívida com a Rússia já ultrapassou 1 bilhão, embora nossas importações de milho, madeira, linho, cânhamo etc. daquele país tenham sido as mesmas de antigamente. São importações das quais, de modo algum, podemos prescindir. Mas a parte lamentável do negócio é que quase todas as manufaturas que tínhamos o hábito de enviar para a França e para a Rússia, em troca de importações, ultimamente nos foram devolvidas sob o pretexto de não estarem totalmente à altura da marca, de o preço ser muito alto, e assim por diante. Se tal coisa tivesse acontecido conosco em outros tempos, simplesmente teríamos pagado aos russos com títulos russos ou seus cupons, dos quais não havia escassez na Alemanha. Mas agora, não havendo nenhum título e nenhum estoque de metais nobres ao qual recorrer, estamos bastante incomodados com a falta de um meio de troca conveniente.

Nossos bons vizinhos estão perfeitamente cientes disso. Daí eles não se esforçam muito em suas notas diplomáticas a fim de esconder a ameaça de que, caso as reivindicações não sejam prontamente atendidas, serão obrigados a tomar posse de partes de Posen e da Prússia Oriental, e da Alsácia e Lorena como penhores. Ambas as potências expressaram sua disposição de renunciar a seus pedidos de pagamento desde que a Alemanha estivesse disposta a ceder a posse dessas províncias. Esse não é um ato de insolência inigualável?

Não faltam na Alemanha homens bem treinados, mosquetes, pólvora e balas. O antigo regime teve o cuidado de fornecer uma abundância desses materiais. Mas em outros aspectos não estamos tão bem-preparados; e parece que em decorrência da diminuição da produção de carvão e da redução dos estoques há uma escassez desse material, o que dificultaria seriamente o transporte de tropas por ferrovia. Grandes queixas também são feitas pelas autoridades militares quanto à escassez de carne, farinha, aveia e provisões semelhantes.

Enquanto isso, a França anexou Luxemburgo. Com a dissolução da união aduaneira, esse ducado foi deixado, por assim dizer, completamente à deriva. Um partido no ducado aproveitou o mau humor com o rompimento das antigas relações comerciais com a Alemanha para chamar os franceses. Esses últimos não perderam tempo em responder ao chamado e logo chegaram ao território por Longwy. Diz-se que a cavalaria francesa já foi vista na fronteira germano-luxemburguesa perto de Treves.

XXXII

A grande greve e a simultânea deflagração de guerra

TODOS OS FERREIROS DE BERLIM E DA VIZINHANÇA ENTRARAM EM greve esta manhã, devido à recusa de suas reivindicações de receberem a recompensa total por seu trabalho. O governo respondeu à greve com uma pronta ordem para se interromperem imediatamente os almoços e jantares de todos os grevistas. Em todas as cozinhas do Estado, os funcionários têm as mais rígidas instruções para não considerarem os cupons dos ferreiros. A mesma suspensão dos cupons aplica-se a todos os restaurantes e a todas as lojas onde, de acordo com os regulamentos do governo, essas pessoas, em tempos normais, se abastecem. As várias lojas e locais em questão são vigiados de perto por fortes destacamentos de polícia. Por esses meios, espera-se que os grevistas, em pouquíssimo tempo, sejam submetidos à fome, visto que as poucas migalhas e cascas que suas esposas e amigos poderão lhes dar de suas rações serão de pouquíssima utilidade.

Há mais más notícias a seguir. Acaba de ser emitida uma ordem para reduzir pela metade as rações de pão de toda a população e eliminar completamente as rações de carne. Espera-se, com essas medidas, efetuar uma economia que permita ao governo, pelo menos até certo ponto, abastecer as fortificações das fronteiras. Pois, nesse ínterim, os embargos que ameaçavam a Alemanha começaram de fato a acontecer. Do grão-ducado de Luxemburgo, a cavalaria francesa avançou pela fronteira alemã, passou o Mosela e interrompeu o tráfego nas linhas Treves e Diedenhofen e Treves e Saarlouis. Outras divisões do exército francês, com Longuyon, Conflans, Pont-à-Mousson, Nancy e Lunéville como suas bases de ação, cruzaram a fronteira da Lorena com a intenção de sitiar Metz e Diedenhofen e fazer uma manifestação na direção de Morhange. Afirma-se que ambas as fortificações têm provisões para uma semana no máximo. O mesmo pode ser dito de Königsberg, Thorn e Graudenz, contra as quais as colunas russas estão agora em marcha, com o objetivo de tomar território como garantia de suas reivindicações. A tática parece ser atacar a Prússia Oriental ao mesmo tempo ao leste e ao sul, de modo que, após sua dominação, a linha oriental de ataque à Alemanha possa ser encurtada por um lado, enquanto, por outro lado, cortam-se os suprimentos de cavalos para o exército alemão da Prússia Oriental. Na medida do possível, as reservas se apressam para a fronteira. Mas, infelizmente, constatou-se que há uma grande falta até mesmo de artigos de vestuário necessários para muitas das reservas. Em decorrência da grande queda na manufatura em muitos ramos, depois da Revolução, grandes quantidades de roupas íntimas, botas e outros artigos destinados ao exército tiveram que ser desviados para os civis, visto que o abastecimento regular não acompanhava o ritmo da demanda.

Mas já chega disso. Acho que doravante não serei mais capaz de oferecer o relato completo dos eventos à medida que eles acontecem. A jornada de doze horas entra em vigor amanhã, então não terei muito tempo para escrever. Proponho, portanto, terminar esta narrativa o mais rápido possível e enviá-la a Franz e Agnes, no Novo Mundo. Que por muito tempo ela os lembre, e seus filhos, e os filhos dos seus filhos, de mim e dos tempos tempestuosos atuais; e, de fato, devo enviá-la daqui o mais rápido possível ou pode ser tarde demais. Percebo que sou encarado com tanta desconfiança que, a qualquer momento, uma busca pode ser feita e meus papéis, confiscados.

XXXIII

A contrarrevolução começa

OS FERREIROS EM GREVE NÃO TÊM INTENÇÃO DE MORRER DE FOME. Fazendo uma visita ao meu sogro, descobri no caminho para casa que vários desses homens estavam tentando invadir o armazém de pão. Vovô está localizado no Refúgio para Idosos, no qual o Castelo de Bellevue foi transformado. O armazém de pães fica em frente ao Castelo de Bellevue, do outro lado do Spree, e entre o rio e o aterro da ferrovia. Encontrando todas as entradas bem protegidas, os homens em greve começaram a escalar o muro alto que cerca o armazém. Mas, assim que chegavam ao topo do muro, eram apanhados pelas sentinelas estacionadas lá dentro e tinham, portanto, que pagar com a vida por sua ousadia.

Em seguida, os homens seguiram para o aterro da ferrovia, que oferece uma visão dos terrenos ao redor do armazém. Eles começaram a despedaçar os trilhos e a cortar os fios do telégrafo, mas o tiro de mosquete vindo do armazém, em pouco tempo, matou e feriu tantos que a força sitiante logo foi desalojada dessa posição.

O passo seguinte foi dirigirem-se para as casas da rua Luneburg, atrás do aterro. Tendo se estabelecido nos andares superiores dessas casas, um fogo barulhento logo começou nas janelas de cima, por um lado, e do armazém, por outro. Mas logo ficou claro que os sitiados, embora pequenos em número, possuíam armas melhores e mais munição.

Atualmente, novos destacamentos dos desordeiros tentaram, do cais de Helgoland, abrir uma brecha nas paredes ao redor do armazém. Nesse ínterim, no entanto, e de forma bastante despercebida, reforços policiais foram prontamente trazidos pelos terrenos do Castelo de Bellevue. Esses reforços tomaram posse da ponte para pedestres, que está quase escondida pela ponte ferroviária, e, dessa posição, abriram um fogo assassino sobre a massa de pessoas, em sua maioria desarmadas, no cais de Helgoland. Soltando gritos selvagens de vingança e deixando um grande número de mortos e feridos para trás, a turba se dispersou por todas as direções. Diz-se que a artilharia foi enviada para bombardear a rua Luneburg do outro lado do Spree.

Deixando essa cena de carnificina, entrei no jardim zoológico com a intenção de seguir para o lado sudoeste da cidade por uma rota tortuosa. As ruas, em todas as direções, estavam cheias de pessoas no mais selvagem estado de agitação. Nenhum ultraje foi cometido até agora na parte sudoeste de Berlim, mas, pelo que dizem aqui, parece que os ferreiros tiveram mais sucesso em seus ataques às padarias na Temple Yard e na rua Kopenick do que no caso do armazém de Bellevue. Dizem também que vários rifles e estoques de munição caíram em suas mãos. É muito difícil obter notícias realmente confiáveis, mas, segundo todos os relatos, o tumulto no lado direito do Spree parece estar se generalizando rapidamente.

A força policial ultimamente foi fixada em 30 mil homens. Ninguém além de socialistas fanáticos pode servir, e estes são escolhidos de todas as partes do país. A força também é apoiada por robustos destacamentos de artilharia e cavalaria. Eles estão dispersos por toda a cidade, mas, afinal, o que podem fazer se os 2 milhões de habitantes realmente se levantarem em uma revolta geral? A pólvora sem fumaça de hoje em dia facilita muito a tomada de um objetivo de emboscada, enquanto a forma moderna de rifle é singularmente calculada para ser útil para os que estão em ambientes fechados, quando usada sob a cobertura das casas.

Destacamentos de polícia, alguns a pé e outros montados, estão continuamente correndo, com toda a velocidade possível, para o centro da cidade. Ao que parece, toda a força armada disponível está sendo reunida nas proximidades do palácio e da *Unter den Linden*. Qual será o fim de tudo isso?

E o pobre e velho vovô? Achei-o muito indiferente e apático. Na total ausência de um círculo familiar e de um ambiente para despertar seu interesse, suas faculdades mostram uma decadência muito acentuada. Ele me disse as mesmas coisas várias vezes e me fez as mesmas perguntas, que eu havia respondido antes, repetidamente. Ele até confundiu as pessoas e gerações de sua própria família. Uma velhice triste, de fato!

XXXIV

Notícias desalentadoras

HOJE FOI O DIA MAIS TRISTE DE TODA A MINHA VIDA. AO IR VER minha esposa, descobri que ela falava de maneira incoerente e descontrolada e não me reconhecia. O médico disse que deveria transmitir a triste informação de que a morte de sua filha e os graves choques dos últimos meses haviam afetado sua mente de modo tão profundo que não deixavam agora nenhuma perspectiva de recuperação. Ela se imagina constantemente exposta às perseguições de todos os tipos de demônios. Foi considerado aconselhável mandá-la para o Asilo de Incuráveis, e ela deve ser levada para lá ainda hoje.

Por vinte e cinco longos anos compartilhamos todas as nossas alegrias e tristezas um com o outro, e vivemos juntos na maior afinidade, tanto de coração quanto de mente. E agora, ver a parceira da minha vida toda atordoada e confusa, com seus queridos e gentis olhos nem mesmo me reconhecendo, é pior do que a separação da morte.

Por todos os lados, a tempestade da revolta aumenta em fúria. Mas o que são todas essas coisas para mim agora com minha carga de dor e tristeza? Houve alguns combates na Prússia Oriental, e também na Alsácia e na Lorena, e nosso lado levou a pior em todos os lugares. Nossas tropas tiveram que lidar com muitas desvantagens. Elas estavam malvestidas e mal-alimentadas; e quando, após cansativas marchas forçadas, ficaram cara a cara com o inimigo, foram incapazes, apesar de toda a sua bravura, de manter uma resistência permanente.

Em Berlim, o motim continua a se espalhar. Toda a região da margem direita do Spree e muitas outras partes da cidade e subúrbios estão nas mãos dos revoltosos. Esses últimos são reforçados por um fluxo ininterrupto de pessoas das províncias, e também se diz que parcelas do Exército confraternizam com o povo.

Portanto, é evidente que a revolução não demorou a se espalhar para além dos limites dos ferreiros e de suas reivindicações particulares. Ela visa agora à abolição do socialismo. E quanto mais reflito, mais me sinto inclinado a me amaldiçoar por ter, durante tantos anos, ajudado a produzir tal estado de coisas como o que vivemos nos últimos meses. Meu único motivo era a crença sincera de que o socialismo traria uma melhor ordem das coisas para as gerações futuras. Eu acreditava nisso naquele momento, mas agora vejo que não compreendi a questão como um todo. Como meus filhos podem me perdoar por ter ajudado a provocar aqueles eventos que os privaram de sua mãe e irmã e destruíram totalmente nossa felicidade como família?

Mas agora devo falar com Ernst, sejam quais forem as consequências. Sinto-me impelido a ele, a fim de poder alertá-lo para não sair agora. Rapazes como ele são muito propensos a sair e a se misturar no pecado e na agitação de um momento como este. Tenho tempo suficiente para visitar Ernst agora, mesmo durante o dia. Suspeito de não ser mais judicioso na política, fui privado de meu lugar como verificador e repreendido como um catador de lixo noturno. Só espero que meu trabalho lá não seja de natureza horrível.

XXXV

O último capítulo

AO SR. FRANZ SCHMIDT, NOVA YORK.

"Meu querido Franz, seja homem e prepare-se para suportar com coragem as tristes notícias que esta carta traz. Nosso querido pai não está mais entre os vivos. Como muitas outras vítimas inocentes, ele foi sacrificado pelo grande levante que ocorreu nos últimos dias em Berlim.

"Papai havia saído de casa com a intenção de me visitar e me advertir para não me misturar de forma alguma com a comoção das ruas. Perto de nossa escola, pouco antes, houve uma briga entre a polícia e os revoltosos, e alguns policiais se refugiaram em nossa escola. Claro que tudo isso era bastante desconhecido para o papai. Um grupo de revoltosos estava escondido e, com toda a probabilidade, um deles, ao vê-lo, o considerou um mensageiro do governo; de qualquer forma, um tiro disparado de uma janela superior o atingiu e ele morreu em poucos minutos. Você pode imaginar meu horror quando o trouxeram para nossa casa e descobri que era meu próprio pai.

"Ele foi vítima da solicitude que sentia pelo bem-estar de sua família. Na esperança de ver um futuro melhor para seus entes queridos, ele se aliou aos socialistas, mas os recentes acontecimentos remediaram inteiramente seus erros.

"Respeitando o triste estado de nossa querida mãe, o próprio papai escreveu para você ultimamente, e também mencionou o pobre e velho vovô. Em toda a minha miséria e solidão, meus pensamentos estão continuamente voltados para você, Franz, do outro lado do oceano, como meu único refúgio humano. Quando eu postar esta carta, espero já ter atravessado a fronteira alemã. Em direção à Holanda, dizem que a fronteira é bem aberta. Quando estiver lá, poderei usar o dinheiro que você me enviou.

"As coisas aqui estão em uma condição assustadora. Derrotas sangrentas nos campos de batalha rumo às fronteiras; e no país, nada além de anarquia e ameaça de dissolução. Como todas essas coisas aconteceram e se tornaram tão confusas, você entenderá melhor a partir do diário que papai manteve até o dia anterior à sua morte, e que trarei comigo.

"Com todo amor para vocês dois,
"Seu irmão solitário,
"Ernst."

Posfácio

"SE É VERDADE QUE 'BOM VINHO DISPENSA PREGÃO'*, É VERDADE que uma boa peça não precisa de epílogo. No entanto, para um bom vinho, usam-se bons pregões; e boas peças provam ser ainda melhores com a ajuda de bons epílogos. Em que situação estou, então, que não sou nem um bom epílogo, nem posso persuadi-los de que esta foi uma boa peça".**

Entre os vários escritores que, nos últimos anos, traçaram, para benefício do mundo, cenas do estado da sociedade que eles concebem como resultado de um socialismo amplamente estendido, Bellamy*** (1850-1898) e Morris**** (1834-1896) ocupam uma posição proeminente. Talvez quando, no século XX, o socialismo for realizado, a natureza humana tenha passado por uma transformação tão extraordinária e fenomenal que as opiniões dos senhores otimistas acima mencionados se mostrem justificadas. Esperemos que assim seja.

---

* Algo equivalente a "Mercadoria boa não precisa de publicidade" ou "não precisa de anúncio". (N.T.)

** Esse parágrafo corresponde a um trecho do epílogo da peça *Como Gostais*, de Shakespeare. O epílogo era um componente padrão do drama elisabetano. Um ator permanece no palco após o término da peça para pedir aplausos ao público. https://www.sparknotes.com/shakespeare/asyoulikeit/quotes/page/5/. (N.T.)

*** Edward Bellamy foi um escritor, jornalista e ativista político norte-americano. Ficou conhecido por seu romance *Looking Backward: 2000-1887*, em que faz a descrição utópica de um estado socialista. Bellamy tornou-se um propagandista ativo para a nacionalização dos serviços públicos. https://www.britannica.com/biography/Edward-Bellamy. (N.T.)

**** William Morris foi um designer têxtil, poeta, romancista, tradutor e ativista socialista inglês. Associado ao movimento artístico britânico Arts & Crafts (Artes & Ofícios), foi um dos principais contribuidores para o revivalismo das artes têxteis e métodos tradicionais de produção. https://pt.wikipedia.org/wiki/William_Morris. (N.T.)

Enquanto isso, o talentoso e perspicaz membro do Parlamento por Hagen, Eugene Richter, imagina para si mesmo um estado de coisas um tanto diferente como resultado do estabelecimento do socialismo. E seu pequeno livro pode ser lido, talvez não sem vantagens, como uma pequena contribuição para a literatura desse assunto, apresentando a consumação sob uma luz diferente e como uma expressão do que alguns sem dúvida considerarão visões excêntricas e extremas.

Ao tratar de um assunto prosaico desse tipo, a mente tem um desejo natural de se afastar, de vez em quando, dos detalhes secos das estatísticas e da economia política e de escapar, mesmo que apenas por momentos ocasionais, para uma atmosfera de leveza e riso. No que diz respeito aos leitores ingleses, é lamentável que Richter não tenha considerado adequado organizar sua trama de maneira menos seca e pesada e introduzido um elemento de diversão e ridículo em seu tratamento do assunto. Os ingleses estão firmemente convencidos de que os alemães não têm senso de humor. Portanto, não é de surpreender que esta nação, com aquela impassibilidade convencionalmente atribuída a ela pelos ingleses, tenha, no entanto, lido este pequeno livro com avidez em centenas de milhares de edições.

O tradutor.

LEIA TAMBÉM:

O IMPACTO ECONÔMICO DA
CLASSE OCIOSA
THORSTEIN VEBLEN
AVIS RARA

FANATISMO IDEOLÓGICO
AS ORIGENS DOS CULTOS REVOLUCIONÁRIOS
ALBERT MATHIEZ
AVIS RARA

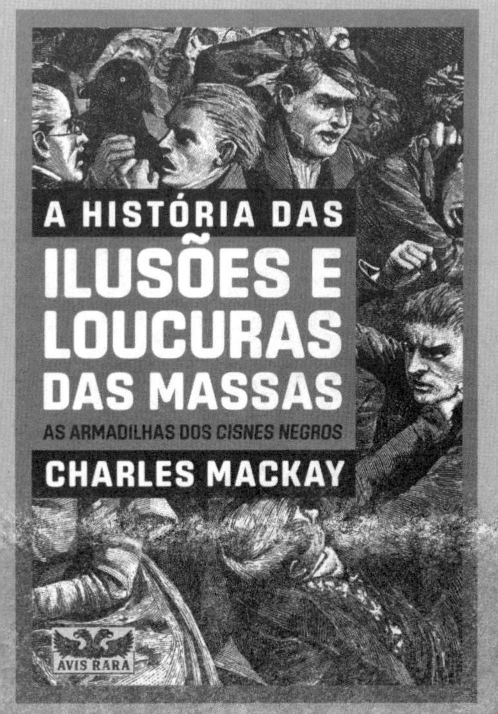
A HISTÓRIA DAS
ILUSÕES E LOUCURAS DAS MASSAS
AS ARMADILHAS DOS CISNES NEGROS
CHARLES MACKAY
AVIS RARA

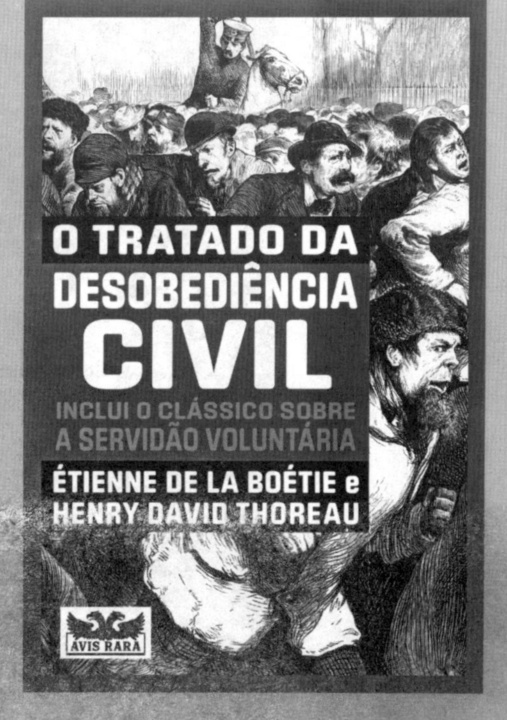
O TRATADO DA
DESOBEDIÊNCIA CIVIL
INCLUI O CLÁSSICO SOBRE
A SERVIDÃO VOLUNTÁRIA
ÉTIENNE DE LA BOÉTIE e
HENRY DAVID THOREAU
AVIS RARA

ESTA OBRA FOI IMPRESSA
EM JANEIRO DE 2024